中国社会科学院院际合作系列成果·厦门

顾问：李培林　黄　强　主编：马　援　张志红

THE COORDINATED DEVELOPMENT OF
SOUTHWESTERN FUJIAN

闽西南区域协同发展

黄　平　田德文　等　著

社会科学文献出版社
SOCIAL SCIENCES ACADEMIC PRESS (CHINA)

中国社会科学院和厦门市人民政府
科研合作项目组

顾　问

李培林　中国社会科学院副院长

黄　强　厦门市委常委、常务副市长

丛书编委会主任

马　援　中国社会科学院科研局局长

张志红　厦门市发展和改革委员会主任

中国社会科学院总协调组

组　长：王子豪　中国社会科学院科研局副局长

成　员：孙　晶　中国社会科学院科研局科研合作处处长

王　静　中国社会科学院科研局科研合作处干部

厦门总协调组

组　长：傅如荣　厦门市发展和改革委员会副主任

成　员：徐祥清　厦门市发展研究中心主任

"厦门市'十四五'时期促进闽西南协同发展思路和举措研究"课题组

课题组组长

张志红　厦门市发展和改革委员会

黄　平　中国社会科学院欧洲研究所

课题组副组长

傅如荣　厦门市发展和改革委员会

吴辉艺　厦门市发展和改革委员会

田德文　中国社会科学院欧洲研究所

课题组成员

徐祥清　厦门市发展研究中心

彭朝明　厦门市发展研究中心

戴松若　厦门市发展研究中心

陈　俊　厦门市发展和改革委员会

赵　晨　中国社会科学院欧洲研究所

黄永光　中国社会科学院信息情报院

张金岭　中国社会科学院欧洲研究所

赵纪周　中国社会科学院欧洲研究所

贺之杲　中国社会科学院欧洲研究所

王洪斌　中国社会科学院欧洲研究所

谢　鹏　中国电子科学研究院管理研究中心

齐天骄　中国社会科学院欧洲研究所

胡　煜　中国电子科学研究院管理研究中心

张　超　中国社会科学院欧洲研究所

林汝辉　厦门市发展研究中心

林　红　厦门市发展研究中心

张振佳　厦门市发展研究中心

序　言

　　厦门是一座美丽而富含文化底蕴的城市，素有"海上花园""海滨邹鲁"之称。作为我国改革开放最早的四个经济特区之一，三十多年来，厦门人民始终坚持先行先试，大力推动跨岛式发展，加快城市转型和社会转型，深化两岸交流合作，努力建设"美丽中国"的典范城市和展现"中国梦"的样板城市，造就了厦门今天经济繁荣、文明温馨、和谐包容的美丽景象。

　　2014年11月，按照习近平总书记密切联系群众、密切联系实际、向地方学习、向人民学习的要求，中国社会科学院院长、党组书记、学部主席团主席王伟光率中国社会科学院学部委员赴厦门调研。在这次调研中，中国社会科学院和厦门市人民政府签订了《战略合作框架协议》和《2015年合作协议》，合作共建了"中国社会科学院学部委员厦门工作站"和"中国社会科学院国情调研厦门基地"。中国社会科学院与厦门市的合作在各个层级迅速、有序和高效地开展。

　　中国社会科学院和厦门市具有持续稳定的良好合作关系。此次双方继续深化合作，是中国社会科学院发挥国家级综合性高端智库优势作用，为地方决策提供高质量智力服务的一个体现。通过合作，厦门市可以为中国社会科学院学者提供丰富的社会实践资源和科研空间，能够使专家学者的理论研究更接地气，更好地推进我国社会科学理论的创新和发展，也能为厦门市科学、民主、依法决策提供科学的理论指导，使双方真正获得"优势互补"的双赢效果。

习近平总书记在哲学社会科学工作座谈会上指出：坚持和发展中国特色社会主义，需要不断在实践和理论上进行探索、用发展着的理论指导发展着的实践；广大哲学社会科学工作者要坚持人民是历史创造者的观点，树立为人民做学问的理想，尊重人民主体地位，聚焦人民实践创造。实践是创新的不竭源泉，理论的生命力也正在于创新。只有以我国实际为研究起点，才能提出具有主体性、原创性的理论观点。正是厦门人民在全国率先推动"多规合一"立法、在全国率先实施"一照一码"等许多创新性实践，为我们这套丛书中的理论闪光点提供了深厚的社会实践源泉。在调研和写作过程中，我们自始至终得到厦门市委、市政府、发改委、发展研究中心、自贸片区管委会、金融办、台办、政务中心管委会、社科院、海沧区政府等许多单位的支持和帮助，得到许许多多厦门市专家和实际工作部门同志的指点。在此，向他们表示由衷的感谢和真诚的敬意。

祝愿中国社会科学院和厦门市在今后的合作中更加奋发有为、再创佳绩，推出更多更好的优秀成果。

中国社会科学院副院长

2016 年 8 月 23 日

摘　要

　　2017 年 10 月，习近平同志在十九大报告中指出，实施区域协调发展战略，加大力度支持革命老区、民族地区、边疆地区、贫困地区加快发展，强化举措推进西部大开发形成新格局，深化改革加快东北等老工业基地振兴，发挥优势推动中部地区崛起，创新引领率先实现东部地区优化发展，建立更加有效的区域协调发展新机制。2018 年 11 月，《中共中央国务院关于建立更加有效的区域协调发展新机制的意见》正式出台，为今后我国区域协同发展提供了重要的政策指导。当前，区域协同发展已经成为我国的一项国家战略，是我国进一步实现资源优化配置和各地区优势互补，推动经济社会高质量发展，增强我国国际竞争力的重要途径。

　　厦门、漳州、泉州、三明、龙岩地处福建西南部，五市之间的协作源远流长。2018 年 4 月，在加快厦（门）漳（州）泉（州）一体化发展过程所取得的成就和经验的基础上，福建省委、省政府审时度势，做出了加快闽西南经济协作区发展的重要决定；9 月，福建省委第十届六次全会提出把经济协作区上升为协同发展区，要求加快协同融合，提升区域整体竞争力。这是福建省委、省政府贯彻习近平新时代中国特色社会主义思想和党的十九大精神的重大举措，是推进福建经济社会高质量发展的有力抓手。

为做好顶层设计，扎实稳步推进闽西南协同发展，2019 年 5 月，福建省发改委发布了《闽西南协同发展区发展规划》，提出到 2020 年，闽西南地区要初步形成布局合理、特色鲜明、分工合作的产业发展格局；到 2025 年，现代产业体系更加健全，高质量发展水平显著提升。自闽西南五市新一轮协作发展之路开启以来，闽西南五市以"打开通道、联接渠道、整合资源、共享平台"为目标，扎实推进各项工作。一年多来，闽西南协同发展的画卷已经逐渐全面铺开并取得了初步的成果，政府间的协调机制框架初步完善，总规模达 100 亿元的"闽西南发展投资基金"已经建立，一批涉及基础设施、制造业、服务业、协作园区、社会事业等领域的重大（重点）项目也已经确定，并逐渐开始建设，从而为五市协同发展新格局的形成奠定了良好的基础。"十四五"时期（2021～2025 年）是闽西南协同发展建设的关键时期。在前期取得的成果的基础上，"十四五"时期闽西南协同发展必将迎来新的跨越式发展。

欧洲一体化是全球范围内地区一体化的典型成功案例。欧洲的一体化突破了国家主权边界，实现了区域内货币和市场的统一，以及人员和资本的自由流通，大大激励了世界其他地区的一体化进程。近些年来，我国也先后出台政策着力推进京津冀、粤港澳大湾区和长三角地区的协同发展进程。这些政策设计和先进实践为今后厦门市在推进闽西南协同发展中更好地发挥引领作用提供了良好的经验借鉴。

本书全面梳理了闽西南协同发展的历史和现状，从制度建设、产业发展、港口海运、文化旅游、金融、基础设施和公共服务等领域入手，详细分析了当前闽西南协同发展中存在的不足。在广泛借鉴欧洲、英国、美国、京津冀、粤港澳大湾区和长三角等国际和国内一体化实践经验的基础上，本书为"十四五"时期厦门更好地发挥引领作用，推动闽西南协同发展行稳致远提出了相应的政策建议。

第一，体制机制创新是推动闽西南协同发展的关键所在。"十四五"期间，厦门应不断提升站位，发挥政府推进的引领作用，集思广益、协同发力，及时彻底破除阻碍闽西南协同发展的制度性障碍，创新体制机制，加强顶层设计，加快形成高质量的闽西南区域一体化发展态势。

第二，闽西南协同发展应坚持和发挥市场的决定性作用。党的十八届三中全会确定了"使市场在资源配置中起决定性作用和更好发挥政府作用"。"十四五"时期，闽西南协同发展要继续坚持市场化的改革方向，坚持市场主导、政府引导的原则，继续推进简政放权，进一步营造公平透明的市场环境，促进市场主体的健康发育和成长。

第三，闽西南协同发展应注重夯实人文社会基础。在区域协同发展的机制建设方面，社会机制具有显著的优点，不仅较少受地区利益影响，能够承担起跨行政区重大事项的组织工作，在一定程度上降低政治协调的成本，还可以为协同发展提供深厚的土壤。"十四五"时期，闽西南协同发展要探索建立和完善各类社会机制，继续为推进闽西南协同发展区建设营造有利的舆论氛围和坚实的人文社会基础。

第四，闽西南协同发展需注重发挥部门对接机制的作用。"十四五"时期,在完善闽西南协同发展制度问题上,除了要充分发挥闽西南协同发展区办公室作用,加强工作计划制订、项目对接、信息沟通、事务协调、调查研究等日常工作之外,还应充分发挥各市对口部门对接机制、各市牵头部门协调机制的作用,推进落实具体事项。

第五,闽西南协同发展需利用好闽西南协同发展基金。闽西南协同发展基金的建立为促进五市的资金融通,推动一批项目的建设和实施提供了充足的资金保障。"十四五"期间,闽西南协同发展应进一步发掘该基金的潜力,适度拓展基金使用范围。在此之外,可考虑推动符合条件的地方金融机构到闽西南协同发展区开展工作,并鼓励厦门市资产管理公司与闽西南协同发展区银行业金融机构合作,通过债务重组、对外转让等多种方式减少当地不良贷款。

目　录

第一章　闽西南协同发展区的制度建设

赵纪周[*]

2019 年 10 月，党的第十九届四中全会审议通过了习近平总书记关于《中共中央关于坚持和完善中国特色社会主义制度、推进国家治理体系和治理能力现代化若干重大问题的决定》的工作报告。在这份 5000 余字的全会公报中，"制度"一词出现的频率最高，达到了 77 次，此外"人民"和"治理"分别出现了 52 次和 41 次。全会提出，中国特色社会主义制度是党和人民在长期实践探索中形成的科学制度体系，我国国家治理一切工作和活动都依照中国特色社会主义制度展开，我国国家治理体系和治理能力是中国特色社会主义制度及其执行能力的集中体现。推进治理体系和治理能力现代化成为新时代党和国家的新目标，也是对地方各级党委与政府工作的新要求。

区域协调发展是我党关于国家各区域协调发展的重要战略思想。党的十六届三中全会提出了"五个统筹"的重要战略，区域协调发展战略是其重要内容之一。通过健全市场机制、合作机制、互

* 赵纪周，博士，中国社会科学院欧洲研究所助理研究员，研究方向为欧洲一体化等。

助机制、扶持机制,逐步扭转区域发展差距拉大的趋势,形成东中西相互促进、优势互补、共同发展的新格局。2017 年 10 月 18 日,习近平同志在十九大报告中指出,实施区域协调发展战略,加大力度支持革命老区、民族地区、边疆地区、贫困地区加快发展,强化举措推进西部大开发形成新格局,深化改革加快东北等老工业基地振兴,发挥优势推动中部地区崛起,创新引领率先实现东部地区优化发展,建立更加有效的区域协调发展新机制。2018 年 11 月,《中共中央国务院关于建立更加有效的区域协调发展新机制的意见》正式出台,为我国区域协同发展提供了重要的政策指导。

区域协调发展已经成为国家战略,其目的是发挥和调动各地区的优势与积极性,通过政府推进、市场主导和社会支持等方式,建立和完善区域协同发展的制度与机制,形成我国各地区优势互补、共同发展的新格局。

健全区域协调互动机制,健全市场机制,打破行政区划的局限,促进生产要素在区域间自由流动,引导产业转移。健全合作机制,鼓励和支持各地区开展多种形式的区域经济协作和技术、人才合作,形成以东带西、东中西共同发展的格局。就建立、健全区域协同发展机制而言,区域内发达地市要采取对口支援、财政援助等方式帮扶欠发达地市健全扶持机制,按照公共服务均等化原则,加大对欠发达地市的支持力度,在产业政策、资金投入和社会发展等方面,继续加大对区域内落后地市的支持。因此,在推进国家治理体系和治理能力现代化的具体实践中,各级党委和政府以及各级领导干部要切实强化制度意识,广大干部要严格按照制度履行职责、行使权力、开展工作,提高推进“五位一体”总体布局和“四个全面”战略布局等各项工作的能力和水平。

治理是指政府的行为方式，以及通过某些途径调节政府行为的机制。在区域协同发展中，治理理念和实践显得十分重要，它不同于传统意义的自上而下的"统治"或"管理"，而是倡导一种由政府、市场与社会等主体共同参与、并行运作的网络化结构。在闽西南协同发展中，制度建设与完善关系到闽西南五市乃至福建全省的治理能力与水平。为此，本章将总结梳理近年来闽西南协同发展在制度建设方面的成就、不足，并对今后闽西南协同发展进一步完善制度建设、提升闽西南地区整体的治理能力与水平提出一些对策和建议。

一　闽西南协同发展制度建设现状

厦门、漳州、泉州、三明、龙岩地处福建西南部，五市之间的协作源远流长。迄今，在制度建设方面闽西南五市的协同发展已经取得了显著成就，较好地发挥了政府引导的重要作用。例如，组建闽西南协同发展区办公室，专门处理规划、立项、管理工作；设立由财政拨款的闽西南协同发展基金，助力市场在闽西南协同发展中占据和发挥主体地位和调配功能。

（一）闽西南协同发展制度建设的成就

1. 闽西南协同发展区建设的启动与进展

闽西南协同发展拥有长期而深厚的合作机制基础。早在 20 世纪 80 年代始，福建就积极推动闽东北、闽西南两大区域的经济协作。2010 年 7 月提出的厦漳泉同城化（厦漳泉一体化）战略，旨在借助厦门人均优势、泉州经济和民营经济优势、漳州人口优势共同打造区域性合作区。依照"厦漳泉一体化布局"发展观,厦漳泉同城化有力地促进了厦门、漳州、泉州三市实现跨越式发展。近年来,在加快厦(门)漳(州)泉(州)一体化发展的过程中以及所取得的成就等基础上,2018年4月,福建省委、省政府做出重要部署决定加快闽西南经济协作区发展;9月,福建省委第十届六次全会提出把经济协作区上升为协同发展区,要求加快协同融合,提升区域整体竞争力。这是福建省贯彻习近平新时代中国特色社会主义思想和党的十九大精神的重大举措,是推进高质量发展实现赶超的有力抓手。

因此,从厦漳泉同城化(厦漳泉一体化)到闽西南经济协作区,再到今天的闽西南协同发展区,福建省委、省政府以更高的站位、创新的思路,为闽西南协同发展按下了"快进键",闽西南五市新一轮协作发展之路由此开启。自协同发展区建设启动以来,闽西南五市以"打开通道、联接渠道、整合资源、共享平台"为目标,扎实推进各项工作,已取得初步成效。一年多来,闽西南协同发展在机制建设方面取得了重要进展,为闽西南五市协同发展新格局的形成奠定了良好的制度保障基础。

2. 建立、完善协同发展的相关机制

在闽西南协同发展区建设包括机制建设中,作为副省级城市、经济特区,东南沿海重要中心城市的厦门市发挥了很好的牵头服务、辐射带动和示范引领作用。

加快推进闽西南协同发展区建设,既是贯彻中央实施区域协调发展战略部署的具体行动,也是服务全省高质量发展落实赶超的内在要求,更是五市实现突围发展的必由之路。五市要进一步凝聚共识、深化合作、形成合力,共同开创区域协同发展新格局。但区域协同发展离不开区域省市等上下级政府以及各地市政府之间的协调与相关机制，离不开区域内政府治理的能力和水平的提升。政府间的协调主要依靠行政和法律手段，涉及行政机构设置、人事安排、法规约束和政策性激励等，协调的主体是各级政府职能部门，主要通过政治资源进行调控，是一种政治协调机制。

目前，针对闽西南协同发展已经初步建立起政府间协调机制，包括成立了省级的闽东北闽西南两个协同发展区建设领导小组、区域层级的闽西南协同发展区联席会议以及闽西南协同发展区办公室（简称"协同办"）等。其中，闽西南协同发展区联席会议由闽西南五市党政主要领导以及相关职能部门或机构负责人组成，就闽西南协同发展区的布局、规划等发展大计进行深入交流、积极对接和共同协商，通过凝心聚力进一步充分发挥政府引导在区域协同发展中的重要作用。该机制采取由厦门、漳州、泉州、三明和龙岩五市轮流主办的形式，首次和第二次闽西南协同发展区联席会议分别在厦门和漳州举办。

2018 年 10 月，由厦门市牵头协调组建的闽西南协同发展区办公室在厦门市正式挂牌成立，由厦门市委常委、常务副市长黄强任主任，专门处理规划、立项、管理工作。协同办挂牌成立后，来自五市的挂职干部到位并实行集中办公，目前正常态化运行。这标志着闽西南协同发展区建设正式进入实质性运作阶段。协同办的成立将对增进闽西南五市之间的长远合作与深入交流、促进本区域经济社会协同发展发挥重要的推动作用。

3. 筹建闽西南发展投资基金，并确定了管理机构

闽西南发展投资基金是为贯彻落实福建省委、省政府决策部署，加快推进闽西南五市（厦门市、漳州市、泉州市、三明市、龙岩市）协同发展，由闽西南五市共同筹建。基金总规模 100 亿元，首期规模 50 亿元，主要用于投资闽西南五市重点产业项目和重大基础设施建设项目，其中闽西南五市政府配套出资 30%（计 15 亿元），厦门、漳州、泉州、三明、龙岩五市出资比为 4∶2∶2∶1∶1。其他 70% 出资面向社会公开征选，对象为在基础设施建设投资、产业投资等方面具有一定投资管理能力的管理机构，并可作为本只基金的基金管理人。

自 2019 年 8 月，根据《闽西南发展投资基金管理机构征选方案》的要求，闽西南协同发展区办公室牵头，有序推进闽西南发展投资基金管理机构公开征选工作。经机构申报、资质初审、现场答辩等环节，专家评审综合考量机构运作规范性、投资能力、募资能力、对闽西南五市现状熟悉程度，以及总体评价，征选确定中交投资基金管理（北京）有限公司作为闽西南发展投资基金的管理机构。

2019 年，闽西南协同发展区确定了 143 个重大（重点）项目，包括第一批结转项目与新确定的第二批项目，项目总投资约 8300 亿元，年度计划投资约 947 亿元，涉及基础设施、制造业、服务业、协作园区、社会事业等领域。闽西南发展投资基金的筹建与运营，将为闽西南五市的企业带来更广阔的发展空间。

（二）闽西南协同发展制度建设的主要障碍

阻碍闽西南区域协同发展深入推进的根本原因，乃是当前面临的体制机制性障碍。从近年来闽西南协同发展战略实施过程看，闽西南五市在一些领域和环节取得了显著成效；但由于诉求点、利益点不同，闽西南五市之间在某些关键领域和问题上的协作尚存在行政壁垒问题。这与我国的政治体制与政府治理模式有很大关系，很多政策的突破需要自上而下的政治决策或行政法规来实现。

比如，在金融行业，闽西南五地市金融深度融合受限于属地监管制约、地方金融保护壁垒等，需要在省级层面实现政策突破。再比如，在产业发展方面，各市纷纷出台针对当地产业发展的扶持政策，很难避免各自为政、相互竞争的不良态势，不利于闽西南协作朝着更深、更广、更紧密的方向纵深推进，实现互利共赢。

在部门对接机制方面，主动与深度融合有待强化。目前，闽西南五市基本实现了各职能部门在纵向和横向的对接机制，做到了既能各司其职又可以相互借鉴。不过，在个别领域或具体事务的落实中，某些部门对接协调机制似乎还缺乏全局考虑，在工作关系理顺以及部门利益发展等方面，日常沟通的主动性、包容性等有待进一步加强，否则可能导致内部消耗、各自为政等消极后果。

闽西南发展投资基金的扶持作用与社会效应有待进一步发挥。中小微企业的发展需要政策、资金等扶持，而且这类企业的健康发展，关系到民众就业、社会稳定等。今后，闽西南发展投资基金如何为区内中小微企业提供多方位、系列化高质量服务，似乎还需要进一步探讨。

二　欧洲一体化与国内地区协同发展机制建设的借鉴意义

闽西南协同发展要立足五市实际，借鉴先进经验，准确研判国内外区域协同发展模式对闽西南区域发展的适用性。在闽西南协同发展的制度与机制建设方面，也要如此。

在梳理借鉴国内外区域协同发展经验的基础上，闽西南协同发展应着力探索、建立和完善具有闽西南五市自身特点并发挥自身优势的区域协同发展模式。① 关于区域协同发展模式的研究，国外主要侧重于城市群层面形成的不同区域管制模式。一是部门型松散管制模式。如纽约城市群主要针对专门的问题由不同机构开展相应管制。二是机构型集中管制模式。如华盛顿城市群成立由区域内县市政府自组织的华盛顿城市群管理委员会（MWCOG）。三是大政府型单独管制模式。通过城市群的中心城市兼并周边城市形成大政府。如阿勒格尼县将境内124个独立城市合并，成立联邦式政府统称匹兹堡市。四是多政府型统一规划模式。主要是合并城市群中心城市与郊区城市的职能，统一规划，保持地方自治权限。国内相关研究起步较晚，伴随京津冀协同发展不断推进，区域协同发展的研究开始明显增多。目前，主要从区域利益、空间布局、产业结构、市场体系、地方品质等视角展开区域协同发展路径或模式的研究。②

（一）欧洲一体化进程中的机制建设

欧洲一体化是当今世界上各国协同发展和一体化的典范。在二战结束后几十年的时间里，制度和机制建设始终是欧洲一体化进程中的重要内容和目标。从当初的欧洲煤钢共同体到欧洲共同体，再

---

① 李仲涟：《论心理的协同效应》，《湖南师范大学社会科学学报》1987年第5期。

② 王元亮：《加快创新我国区域协同发展模式》，中国社会科学网—中国社会科学报，2019年10月22日，http://sky.cssn.cn/zx/bwyc/201910/t20191022_5018129.shtml。

到今天的欧盟及其很多机构以及共同基金的设立等，欧洲的地区协同发展过程中的机制建设对今天的闽西南协同发展机制建设和完善从理论和现实等角度都具有一定的借鉴意义。

1. 机制与机构方面

以欧洲一体化进程中建立的两大机构——欧洲理事会和欧盟委员会为例加以说明。从历史发展的脉络来看，《巴黎条约》（1952年7月23日生效）决定成立的欧洲煤钢共同体，是欧洲第一个拥有超国家权限的机构。1965年4月8日，欧洲煤钢共同体与欧洲经济共同体及欧洲原子能共同体合并，统称欧洲共同体，即今天的欧盟的前身。欧盟成员国的政府让渡各自的部分主权，并将这些主权交由一个具有一定超国家权能的高级机构——欧盟来行使，从而较好地协调和保证了内部的有效竞争。

就今天的欧洲理事会和欧盟委员会两个机构而言，二者存在诸多不同，这主要体现在以下几方面。

（1）职能和权力不同。欧洲理事会即欧盟成员国首脑会议，为欧盟内部建设和对外关系制定大政方针，拥有欧盟的绝大部分立法权。欧盟委员会负责实施欧盟条约和欧盟理事会做出的决定，向欧洲理事会和欧洲议会报告和提出建议，处理欧盟日常事务，代表欧盟进行对外联系和贸易等方面的谈判。

（2）机构属性不同。欧洲理事会是欧盟的最高决策机构，欧盟委员会是常设执行机构。

（3）成员不同。欧洲理事会由欧盟成员国国家元首或政府首脑及欧洲理事会主席、欧盟委员会主席组成。欧盟委员会设立一名主席领导整个委员会，其他委员则可根据其职责领域被称为欧盟某某（比如外交）高级代表或事务专员。欧洲理事会主席通过选举产生，有固定任期；欧盟委员会主席由欧洲理事会和成员国政府首脑一起决定，并需要得到欧洲议会的赞成，此外委员会的成员之间互相平等，共同制定政策，每个委员都拥有一个由一定数目的官员组成的工作团队。

从闽西南协同发展机制来看，如今已经设立的闽西南协同发展区联席会议以及协同发展区办公室，从形式和职能等方面都初步具备了类似欧盟上述两个机构的特点。但在今后这些机制的合法、有序运行方面，闽西南五市还需要进一步强化职能的完善以及治理能力与水平的提升。

2. 基金设立方面

在欧洲一体化进程中，一些共同基金的设立对促进区域协同发展发挥了重要作用。

（1）欧洲地区开发基金。1975 年 3 月，为解决地区间经济发展不平衡的问题，欧洲经济共同体创设了该专项基金，旨在直接援助经济落后或衰退地区的发展，解决地区间经济发展不平衡问题。欧洲地区开发基金从共同体预算中开支，分"限额"和"非限额"两部分："限额"部分用于对落后地区的工业、服务业投资和对有利于地区开发的基础设施工程援助；"非限额"部分于 1979 年设立，直接发放给有关地区，补偿因执行共同体政策而对地区发展造成的不利影响。1988 年 6 月，部长理事会通过一项规则，将地区基金与社会基金及农业基金的指导部分归为"结构基金"，并为它们制定了五项目标。在新结构下，欧洲地区开发基金的主要任务是：促进落后地区的经济发展与结构调整；改造衰老的工业地区；促进农村地区的发展。受其资助的主要是希腊、爱尔兰、意大利、葡萄牙和西班牙的较贫困地区。

（2）欧洲结构基金（European Structural Funds）是欧盟首创的一项产业政策工具，对欧盟尤其是欧盟落后地区、产业衰退地区的产业发展与结构调整发挥了重要作用。欧盟出于深化和扩大一体化的需要，为了缓解其内部区域经济发展的不平衡问题，专门设立了欧洲结构基金，其主要任务之一就是支持落后地区或产业衰退地区的经济发展与产业结构调整。欧盟在利用结构基金方面取得了显著成效，促进了欧盟内落后地区的经济增长、就业和可持续发展。欧盟利用欧洲结构基金促使地区经济协调发展的一些措施，对我国区域协同发展具有一定的启发意义，闽西南区域协同发展也可以从中借鉴。

（二）国内其他区域协同发展的机制建设

北京、上海、广州分别在京津冀、长三角、珠三角（大湾区）区域协同发展中发挥了显著的龙头牵引辐射作用。与此同时，上述区域地市间的部门协同机制也发挥了重要作用。例如，京津冀政协主席联席会议是人民政协围绕中心、服务大局，为京津冀协同发展做贡献的生动实践。在京津冀协同发展过程中，三地政协积极履职尽责，建立联席会议制度，在交通一体化、水资源协同保护与利用等方面开展协商交流，凝聚了共识、推动了工作。此外，京津冀协同发展中，在建立区域战略统筹机制、完善市场一体化发展机制等方面的做法和经验，也值得闽西南协同发展在机制建设上加以借鉴和创新。正所谓协以求同，商以成事。发挥政协优势，为推动闽西南协同发展建言献策。

区域金融市场一体化是推动京津冀协同发展的重要保障。在京津冀协同发展中，为满足产业疏解、转移升级，以及交通基础设施和社会服务设施建设需要，由京、津、冀三省市按一定比例出资共同设立京津冀协同发展基金。例如，河北省于 2016 年 1 月以 PPP（政府与社会资本合作）模式设立了总金额为 100 亿元的京津冀协同发展基金。[①] PPP 京津冀协同发展基金用于支持河北区域内纳入省级 PPP 项目库，且通过物有所值评价和财政承受能力论证的 PPP 项目，以及京津冀协同发展战略背景下的优质项目。PPP 京津冀协同发展基金 100 亿元规模将在 3 年内分批落实到位。其中，河北省财政出资 10 亿元作为引导基金，银行、保险、信托以及其他社会资本出资 90 亿元。建立 PPP 京津冀协同发展基金，有助于创新河北重点基础设施和公共服务领域投融资管理机制。

三　进一步健全和完善闽西南协同发展 机制的对策建议

体制机制创新，是区域协同发展的制度保障。当前，国家提出了区域改革与发展的新取向以及新时期我国区域发展的新任务，标志着我国区域协同发展已迈进新时代。在北有京津冀、南有大湾区、紧邻长三角的现实情况下，闽西南协同发展面临新的机遇和挑战。从制度建设的角度看，今后闽西南协同发展机制的完善，可考虑以下几方面。

[①] 《河北设京津冀协同发展基金》，河北省人民政府网，2016 年 1 月 7 日，http：//www. hebei. gov. cn/hebei/11937442/10757006/10757086/13235848/index. html。

（一）不断提升站位，发挥政府推进的引领作用

2014 年 2 月 26 日，习近平总书记听取京津冀协同发展工作汇报时强调，"一定要增强推进京津冀协同发展的自觉性、主动性、创造性，增强通过全面深化改革形成新的体制机制的勇气""自觉打破自家'一亩三分地'的思维定式，抱成团朝着顶层设计的目标一起做"。

面对国家战略的新任务新使命、区域竞争的新形势新格局、区域协同发展的新要求新课题，闽西南协同发展区的建设要不断提升站位，立足现实从长远上在制度设计、创新和完善等方面进行战略思考，真正超越狭隘的地方保护主义，自觉按照协同发展的需求提升治理能力，因势利导地促进融合发展，推动闽西南区域协同发展不断深入。

作为闽西南协同发展区的龙头市，厦门应该具有更大的胸怀，在尊重包容其他四市主要关切方面适当让利，在五市进一步凝聚共识、深化合作、形成合力方面发挥必要的引领和表率作用。

发挥政府推进的引领作用，不断创新和完善闽西南协同发展体制机制。可考虑探索区域协同发展中的其他机制，如互惠互利机制、合作共赢机制、协同创新机制、共建共享机制、发展约束机制、利益分配与补偿机制等，确定机制创新的重点，如高层次的高效协调机制、利益协调与分享机制，力争可操作性强，适当采用约束性、限制性的机制与政策，如明确区域的开发强度、产业进入门槛、红线管制、城乡增长边界约束等，建立规范发展秩序，优化空间发展格局。

在机制创新方面，建议进一步完善政府在协同发展方面的顶层

设计。在机制完善方面，厦门市（联合泉州等闽西南兄弟地市）可先行先试，摸索形成一定的经验。要以创新理念加强体制机制研究，集思广益协同发力，大胆破解制度性障碍，加快形成高质量的闽西南区域一体化发展态势。

此外，要进一步抓好工作落实，充分发挥地方和部门积极性，抓好改革举措的落实；各部门要大力支持，及时制定实施细则或办法，加强指导和服务。重大事项要及时向福建省、国家有关部门、党中央和国务院请示报告。

(二) 强化协调与合作，坚持和发挥市场主导作用

党的十八届三中全会确定了"使市场在资源配置中起决定性作用和更好发挥政府作用"。未来，闽西南协同发展要继续坚持市场化的改革方向，坚持市场主导、政府引导的原则，处理好二者的关系。

加快形成企业自主经营、公平竞争，消费者自由选择、自主消费，商品和要素自由流动、平等交换的现代市场体系，着力清除市场壁垒，提高资源配置效率和公平性。要建立公平开放透明的市场规则，完善主要由市场决定价格的机制，建立城乡统一的建设用地市场，完善金融市场体系，深化科技体制改革。

可考虑与闽东北协同发展区形成双方联动、相互参照的高质量共生态势。要坚持问题导向，强化项目带动，同时合理分工，通过加强协调与合作，做到优势互补，形成错位发展、合理分工的发展格局，避免同质化竞争。

坚持和发挥市场主导作用，特别是更大程度地发挥市场在资源配置中的作用，需要继续推进简政放权，推进政府服务标准化、透

明化。不断推进供给侧结构性改革，进一步营造公平透明的市场环境，促进市场主体健康发育和成长。

进一步发挥厦门自贸试验区的辐射带动作用，促进闽西南协同发展。

（三）继续凝心聚力，夯实社会支持的基础

党的十九届四中全会提出，坚持和完善共建共治共享的社会治理制度，保持社会稳定、维护国家安全。社会治理是国家治理的重要方面。必须加强和创新社会治理，完善党委领导、政府负责、民主协商、社会协同、公众参与、法治保障、科技支撑的社会治理体系。

在区域协同发展的机制建设方面，社会机制具有三大优点：首先，社会组织具有非营利性、志愿性、跨区域等特点，因而它们较少受辖区利益影响，能够承担起跨行政区重大事项的组织工作；其次，社会机制的建立可在一定程度上降低政治协调成本；最后，区域协同发展应具有相应的社会基础。① 因此，在闽西南协同发展中，通过社会机制建设可以充分利用民间力量推动地方政府的发展理念从"狭隘利益"向区域"共融利益"转变，以体制机制创新深入推动闽西南协同发展。

今后，可考虑借鉴欧洲一体化的经验，探索建立、完善闽西南区域协同发展中的社会机制。社会机制是行业协会、商会、基金会、公益团体等社会组织利用其组织资源，通过社会动员、制度供给、资本投入等手段参与区域公共事务，维护市场秩序、减少利益

---

① 柳建文：《构建京津冀协同发展的社会机制》，中国社会科学网—中国社会科学报，2017 年 4 月 26 日，http：//www.cssn.cn/zx/bwyc/201704/t20170426_ 3499448. shtml。

冲突和优化区域资源配置的重要治理机制。与政治机制相比，社会机制的主体是多元的，权威是分散的，主体彼此间是一种平等协作关系，避免了政府主导的强制性，可以通过磋商与妥协达成各方利益的帕累托最优。荷兰学者本戈斯迪克等人通过对 54 个欧洲地区1950～1998 年的跨区域研究发现，培育和发展社会组织对促进区域协调发展具有重要意义。

此外，还要加大宣传力度。闽西南五市的电视台、报纸、网络、新媒体等进一步加强合作，联合采访、制作关于协同发展区在各方面的协作建设情况，继续为推进闽西南协同发展区建设营造更加有利的良好舆论氛围和社会支持基础。

（四）发挥部门对接机制的作用

2019 年 5 月，福建省发改委印发的《闽西南协同发展区发展规划》第十章明确提出了关于"建立有效的协同发展机制"的要求。具体而言，即"坚持新发展理念，深化改革创新，充分发挥市场作用、更好发挥政府作用，坚决破除地区之间利益藩篱和政策壁垒，加快形成统筹有力、竞争有序、绿色协调、共享共赢的区域协同发展新机制"。6 月，中共福建省委、福建省人民政府印发了《关于建立更加有效的区域协调发展新机制的实施方案》。

在完善闽西南协同发展制度问题上，除了要充分发挥闽西南协同发展区办公室作用，加强工作计划制订、项目对接、信息沟通、事务协调、调查研究等日常工作之外，应充分发挥各市对口部门对接机制、各市牵头部门协调机制的作用，推进落实具体事项。

闽西南协同办做好规划实施情况的跟踪落实和督促检查，在规划编制、政策实施、项目安排、体制创新等方面给予重点关注。可会同五市各牵头部门加强对规划实施情况的监测和跟踪分析，科学客观评价区域发展的协同、协调性。

（五）进一步发挥闽西南协同发展基金作用

例如，可考虑推动符合条件的地方金融机构到闽西南协同发展区开展工作。如融资担保公司、融资租赁公司和典当行等，为闽西南的中小微企业提供融资服务，缓解当地企业融资难问题。鼓励厦门市资产管理公司与闽西南协同发展区银行业金融机构合作，通过债务重组、对外转让等多种方式减少当地不良贷款。

今后，闽西南协同发展区机制建设应立足自身实际，认真贯彻党的第十九届四中全会精神，在进一步完善相关协同机制的基础上将制度优势转化为区域协同发展的重要资源，坚定落实上述关于协同发展的规划和方案，不断提升本区域内五市政府的治理能力和水平。

第二章　闽西南产业协同发展

张　超[*]

产业协同发展是闽西南协同发展的重要一环，也是推进闽西南经济协同发展的关键支撑。区域经济协同发展的本质是资源禀赋、要素流动与产业分工三者的协同，其主要驱动因素包含区域比较优势、区域经济联系和区域产业分工等三个方面。产业的协同发展就意味着各区域依托自身比较优势参与大区域的产业分工，进而与大区域经济成为一个整体，各自承担相应的经济纽带职责，从而达到优化资源配置，提高资源利用率，推动经济高质量发展的目的。

2019年5月，福建省发改委发布了《闽西南协同发展区发展规划》，为面向2035年的闽西南协同发展绘制了蓝图。在该规划中，区域内产业的配套协作和转型升级被确立为闽西南协同发展的重要内容。根据规划的要求，到2020年，闽西南地区要初步形成布局合理、特色鲜明、分工合作的产业发展格局；到2025年，现代产业体系更加健全，高质量发展水平显著提升。2019年9月，

* 张超，博士，中国社会科学院欧洲研究所助理研究员，研究方向为发展合作、中欧关系等。

闽西南协同发展区联席会议第二次会议审议通过《闽西南五市贯彻落实协同发展区发展规划的意见》，该意见重点聚焦跨市协作的领域、项目，涵盖区域发展新格局、基础设施互联互通、产业协作互利共赢等七大领域工作。

产业协同是区域经济协同发展的重要部分。闽西南产业协同发展可以促进区域内各要素合理配置，提高产业系统的发展效率，推动传统制造业转型升级和新兴高精尖产业快速发展，加强闽西南与台湾地区的交流合作，进而提升区域产业整体竞争力，将闽西南地区打造成推动我国东南沿海地区经济发展的新引擎。

一　闽西南产业协同发展现状、成就与不足

产业协同发展在整体推进闽西南协同发展中具有至关重要的作用。目前，闽西南五市经济基础良好，产业基础较好，具有进一步推动协同发展，优化资源配置，提高资源利用效率的空间。

（一）闽西南产业协同发展的现状和成就

目前，闽西南地区五市三次产业结构约为 5.7∶50.7∶43.9，处于工业化、城镇化加快发展阶段，但区域间差异较大。总的来说，受区位和资源禀赋以及政策和发展历史的影响，厦漳泉三市第二产业和第三产业较为发达，也是工业园区和物流园区以及创新创业平台较为集中的地区。相比较来说，龙岩和三明第一产业所占比重仍然较大，产业结构调整和转型升级仍有较大的空间。

2018 年，福建省委、省政府提出推进闽西南协同发展后，福建省相关部门及闽西南五市积极响应号召，采取了一系列措施，积

极推动该地区协同发展，主要包括以下三个方面。

首先，制定产业协同发展总体规划。2019 年 5 月，福建省发改委发布了《闽西南协同发展区发展规划》，其中对产业协同发展着墨颇多，从顶层设计的角度对产业协同发展做出了部署。一方面，明确了产业协同发展在闽西南协同发展中的重要地位。该规划指出，闽西南产业协同发展是顺应世界性产业分工和区域经济地理格局重构、我国产业转型升级与区域协同发展大趋势的要求；并强调，要推动区域协同创新和产业合理分工、有序转移承接，提高全要素生产率，实现产业、创新、资金、政策"四链融合"，带动产业链再造和价值链提升，联手培育优势产业集群，壮大产业实力，从而为推进闽西南产业迈向中高端提供强大动力。另一方面，就推动该地区产业协同发展来说，该规划也提出了较为具体的措施。比如，针对厦门湾区提出，要以厦门海沧台商投资区、漳州台商投资区、漳州招商局经济技术开发区等产业集中区为主要载体，集中发展高端临港产业。同时，要依托现代立体综合交通网络，促进湾区资源配置空间往龙岩等内陆拓展，对接联动龙岩等陆地港。针对泉州湾区，则提出要引导现代产业和高端项目布局向环湾集中，增强环泉州湾沿岸高端产业服务职能和辐射能力，打造全国重要的先进制造业基地。而从加强山海协作、带动内陆地区发展角度，则提出要创新产业引导、财政扶持、金融支持等政策，将山区资源与沿海资本、技术紧密结合，共建一批"飞地"园区、文化旅游产业园、山海协作产业园等平台，推进产业链条延伸、产业集群共建、产业效益提升，不断增强山区县的"造血"功能和自我发展能力。

其次，逐步建立和完善各类工作机制。为进一步推进产业协同发展，厦门市有关方面牵头召开对口对接会议，审议通过并由五市联合印发了《闽西南五市经济信息系统经济协作对接工作机制》《闽西南五市经信系统推进经济协作区发展工作要点（2018—2020年）》《闽西南五市经济协作工信领域重大项目台账（第一批）》等相关文件，建立协同区协作工作会议机制，加强对产业指标的监测分析，加强区域产业引导政策研究，促进信息共享，优化协同区营商环境。此外，五市还确定将推进辖区内13个共建产业园共建联营，深化五市园区共建，推进厦漳、厦泉、厦明、泉三产业和园区协作。决定深化联合招商机制，发挥"9·8"投洽会平台作用，组织各地市企业开展配套需求对接会，建立五市协同招商机制，实施招商项目策划、推介、投资的互联共享机制。

最后，设定重点项目清单，并积极开展落实。2018年，闽西南协同发展区实施了66个重大项目，共完成投资965.3亿元，完成年度计划的119.5%，为区域坚持高质量发展落实赶超提供重要支撑。2019年，闽西南协同发展区列入省重大协作项目盘子共101个，总投资11804.27亿元，年计划投资944.46亿元。按类型分，产业协作项目39个，占项目总数的1/3强。2019年上半年，产业协作项目完成投资257.91亿元，占年度计划投资的52.20%。

此外，根据省政府工作报告要求，经五市共同讨论研究，由厦门市牵头组建闽西南城市协作开发集团和发展投资基金。闽西南城市协作开发集团注册资本10亿元，主要负责围绕成片开发的开发区（园区）、陆地港，以及城际快速路、港口集疏运体系、城市供水供气、污水垃圾处理等基础设施，策划生成项目，开展前期工作，发起设立项目公司负责实际运作等。闽西南发展投资基金总规模 100 亿元，首期募资 50 亿元，引入大型基金管理机构管理，主要投向协同发展区重点产业项目和重大基础设施项目。五市共出资30%，其余 70% 向社会资本募集，实行市场化运作。在 2019 年 9 月召开的闽西南协同发展区联席会议第二次会议上，为了推动五市产业协作、经济合作，经共同协商，厦漳、厦泉、厦明经济合作区在会上签署合作备忘录，明确合作区未来主要合作方向和思路；三明、泉州两市共同推动铸锻产业梯次转移，签订泉三高端装备产业园合作协议；龙岩市与厦门钨业、厦门建发集团深入开展产业合作，分别签订稀土产业发展和文化旅游战略合作框架协议。此外，福建闽西南城市协作开发集团有限公司也在会上揭牌。闽西南产业协同发展取得初步成果。

（二）闽西南产业协同发展的不足之处

在福建省委、省政府的统一协调以及闽西南五市的积极参与下，目前，闽西南协同发展已经搭建了较为完整的结构框架，从顶层设计到具体项目，从政策扶持到资金支持，为今后闽西南五市产业的进一步协同发展奠定了坚实的基础，并已经取得了初步的成果。尽管如此，当前闽西南协同发展仍有一些值得改进之处，主要包含以下三个方面。

首先，制造业在推动闽西南协同发展中的定位仍有待提升。制造业不仅是地区经济发展的支柱，也能够通过辐射带动作用，从整体上推动整个地区的协同发展。作为指导闽西南协同发展的重要顶层设计成果，《闽西南协同发展区发展规划》强调了制造业在推动闽西南协同发展中的重要作用，但尚没有明确其在推动区域整体经济协同发展中的特殊地位。与此同时，虽然该规划以及其他文件提出了闽西南五市产业协同发展的目标，但这些目标相对模糊，难以进行准确的评估，很难为闽西南产业协同发展提供精准指导。

其次，闽西南产业协同发展利益相关方的积极性仍有待提高。在推动闽西南产业协同发展的过程中，五市政府、企业和民间团体等的积极参与至关重要。目前，相关文件中已经突出了厦门市的带头作用，但对于如何调动厦门的积极性，主动"让利"，所做的还不够。此外，当前工作中对于其他四市开展产业转移对接的积极性关注不够，特别是如何在推动厦漳泉同城化的基础上发挥漳州和泉州的积极性，以及龙岩和三明如何积极对接需求产业，推动传统产业转型升级，仍是亟须破解的问题。

最后，产业协同发展以项目驱动为主要路径的做法仍有待转变。从目前闽西南协同发展的相关规划来看，"市场主导"的原则已经确立，但如何将这一原则从纸面落实到实际行动中去还存在一定的挑战。当前，在实际工作中，依然存在固守传统的或者说选择性产业政策的现象，运用财政、金融、外贸等政策工具和制度干预、"行政指导"等手段，有选择地促进某些产业的生产、投资、研发和改组，同时抑制其他产业的同类活动。在《闽西南协同发展区发展规划》推出后不久，闽西南五市即编制了 2019 年重点推动的项目清单，并进行大规模投资，逐个加以落实，试图以"大项目推动大发展"。这种以项目建设为主的推进模式，其优点在于成果的可见性较大，有利于营造区域协同发展的良好舆论氛围，但这些项目在多大程度上能够推动地区间的产业协同和共同发展，则缺乏必要的评估和研究。

二 国内外关于区域产业协同发展的主要经验

区域产业协同发展不仅是闽西南五市面临的重要课题，也是国内外不少地区曾经历的或者正在开展的重要工程。关注和总结国内外相关做法和经验，可以为推动闽西南产业协同发展提供良好的借鉴。

（一）欧盟产业协同发展的经验

相比于欧盟其他领域的政策制定，欧盟的产业政策算是一个较新的事物。自 20 世纪 90 年代初以来，欧盟层面才开始指导和协调各成员国工业发展和结构调整的政策性努力，并且在 21 世纪之后明显加快了政策制定的步伐。目前已经搭建起了具有一定特点的以横向政策和部门政策为主要特征的产业政策体系。可以预见，随着欧洲一体化的不断深化、统一大市场建设的不断完善以及成员国经济的不断融合，欧盟层面的产业政策将会发挥越来越重要的作用。

欧盟产业政策以横向政策为主，即针对所有或多数制造业部门，致力于为其创造良好的环境。但是，横向政策并不意味着只能是宽泛的政策。由于产业政策的最终落脚点是促进各具体部门提高竞争力，因此，完全不针对各部门实际情况的横向政策往往难以取得良好的效果。鉴于此，近几年部门政策也逐渐明晰起来。

欧盟的横向政策主要包括为制造业提升竞争力及结构调整创造良好的竞争环境、支持研发与创新、支持制造业开辟和拓展国际市场、降低制造业结构调整所引起的社会成本、提高劳动者技能以适应结构调整等内容。横向政策的政策工具大致可归纳为两个方面：

制度手段与预算手段。制度手段，简单地说，就是欧盟产业政策借助于其他政策为制造业的发展创造良好的制度环境。到目前为止，它主要借助以下四个政策领域来实现这一目标。第一，借助竞争政策来保障有利于提高制造业竞争力的良好竞争秩序。第二，完善支持研发与创新的制度环境，提高欧盟制造业的国际竞争力。第三，利用完善内部大市场的相关制度法规促进各成员国制造业的协调发展。第四，借助贸易政策从制度上支持制造业开辟和拓展国际市场，并为其争取有利的国际竞争环境。

在广泛应用制度手段的同时，欧盟产业政策并未完全放弃预算手段，只是对这些手段的目的和使用范围有更加严格的限定，即只在存在市场失灵和有助于降低产业结构转型带来的社会成本时才给予支持。目前，欧盟产业政策的预算支出主要有两个方面：一是对制造业研发活动的资金支持，主要通过科技框架计划（2014 年到 2020 年称"地平线 2020"计划）来实现；二是通过结构基金降低转型带来的社会成本、推动产业积极地适应转型。在产业结构转型升级的过程中，一些企业会被市场淘汰，出现工人失业的情况。结构基金主要用于社会就业培训项目，帮助企业和个人更好地适应产业结构转型过程，降低制造业产业结构转型的社会成本。

需要强调的是，欧盟的部门政策不同于传统产业政策对具体部门的干预和补贴，它富有新的内涵。确切地说，它是横向政策在各个具体部门的应用，也就是着眼于为各制造业部门的发展和结构调整创造所需的外部环境。另外，不同部门的政策之间并不是割裂的，欧盟产业政策强调支持一个部门不能以牺牲其他部门的利益为代价。部门政策有三个突出特点。第一，无论是针对高新技术产业、传统产业，还是现有优势产业，其共同的支撑点都在于提高整个制造业的知识和技术含量，从而提高国际竞争力。第二，对于现有的优势产业和传统产业，其目标主要是尽量向第三国出口、向欧盟以外的国家出口，通过扩大出口来保证和提高这些行业的竞争力。第三，对于大多数的传统产业，其主要任务是推动它们结构转型和升级，一方面，通过创新、提高知识和技术含量来避开与新兴经济体之间的低成本竞争；另一方面，通过结构基金等财政方式尽量降低结构转型带来的社会成本。

总而言之，经过多次部门干预的实践经验，欧盟逐渐意识到，政府干预微观经济往往收效甚微，但是在创造良好的产业发展环境方面可以发挥重要作用。从基本理念上看，首先，欧盟产业政策始终强调市场导向，强调为制造业发展创造良好的环境，反对部门干预，这是它与传统产业政策的最明显区别；其次，欧盟产业政策始终以横向政策为主，横向政策与各部门的具体结合又形成了富有新内涵的部门政策；最后，从政策工具上看，由于欧盟产业政策要借助竞争政策、研究与技术开发政策以及结构基金实施，从而其行动能力和实施效果也就相应地取决于欧盟在这些政策领域的行动能力。

（二）英国产业协同发展的经验

作为一个奉行自由市场经济的国家，英国对于政府在经济发展中的作用曾长期持怀疑态度，因此其产业政策曾长期缺失。但近几年来，英国也相继出台了一系列文件，对其产业政策进行规划和界定。卡梅伦执政时期（2010～2016年），出台了较为初步的产业政策，其主要内容体现在两个方面。第一，以部门发展战略为核心内容，且在一定程度上仍带有传统选择性产业政策的色彩。虽然横向政策仍占据重要地位，如为中小企业融资提供便利、普遍的研发支持、提升劳动者技能等，但是与过去近30年的经济政策相比，最显著的变化还是部门政策的回归。此外，虽然这一阶段的部门发展战略在实施方式上不同于以直接干预为主的"择优"，但其部分内容（如政府采购）仍有促进出口或替代进口的考虑，因而仍带有传统部门干预的色彩。第二，以促进创新及其应用为导向。不论是重点发展的11个关键部门，还是优先支持的8项关键技术，卡梅伦政府的主要目标都是促进前沿技术的创新及市场化应用，以此推动实体经济发展，提升产业竞争力。

而到特蕾莎·梅执政时期（2016～2019年），这种产业政策有了新的内容，从而进一步丰富和完善了英国的产业政策。这突出表现在特蕾沙·梅政府提出的新产业战略。根据该战略，要促进英国经济转型升级，政府的首要任务是构建和夯实五大基础，即创意、人才、基础设施、商业环境和地区等，并为此提出了愿景，制定了目标和具体推进措施。此外，特雷莎·梅政府提出，真正的战略性意味着政府不应止步于修复和夯实基础，还必须有前瞻性，努力培育新的市场和产业，打造英国的竞争优势。基于此，产业战略白皮书提出四大挑战，并且强调，英国政府将以应对这些挑战为"使命"，更好地发挥规制、激励和示范作用，充分动员私人部门的创新和投资热情，力图在新产业革命的大潮中占据领先优势。

特蕾莎·梅政府的产业政策有三个主要特点。第一，更加全面系统，目标更加清晰，在实施方式上不再专注于分散的部门战略，而是尝试从构建基础和培育领先优势两个维度打造产业竞争力。第二，创新导向进一步明确，提出将英国打造成世界上最具创新性的经济体，并设定了大幅快速提升研发总投入占GDP比重的目标，促进创新的方式则由部门政策开始转向跨部门的"使命导向型措施"。特蕾沙·梅政府的典型特征是经济政策向政府干预回调,正式提出产业战略,但干预方式不像卡梅伦政府那样直接,而且具有明确的创新导向。具体而言,英国政界与学界已经对政府经济角色有了新认识,不再相信自由放任,而是认为政府必须具备战略眼光,引导、协调和激励私人部门发展。

(三)京津冀产业协同发展的经验

京津冀将产业转型升级作为实现地区协同发展的三大重点领域之一。《京津冀协同发展规划纲要》强调,要在推动产业升级转移方面,加快产业转型升级,打造立足区域、服务全国、辐射全球的优势产业集聚区;并提出,重点是明确产业定位和方向,加快产业转型升级,推动产业转移对接,加强三省市产业发展规划衔接,制定京津冀产业指导目录,加快津冀承接平台建设,加强京津冀产业协作等。在这一思想的指导下,京津冀围绕产业转移和升级改造开展了大量工作,明确了年度工作重点,并出台了一系列措施以推动北京非首都功能向天津和河北转移。

2016年6月,工业和信息化部联合北京市、天津市、河北省共同制定了《京津冀产业转移指南》,以推进京津冀产业协同发展、发挥三地比较优势、引导产业有序转移和承接,形成空间布局合理、产业链有机衔接、各类生产要素优化配置的发展格局。产业转移工作开展以来,三地签约了一大批项目,并推动一些重点部门改造升级,一定程度上疏解了北京非首都功能,并提升了天津和河北的产业发展层次。但是,也存在一些问题。比如,一定程度上对基本目标的误解,导致京津冀地区协同创新战略扭曲;市场一体化建设滞后；创新体系和产业政策体系存在较大差距，造成创新激励与产业政策不相容的矛盾；过度依赖自上而下的设计和行政权力推动，市场没有发挥应有的作用等。

（四）粤港澳大湾区产业协同发展的经验

2019 年 2 月 18 日，中共中央、国务院印发《粤港澳大湾区发展规划纲要》（简称《纲要》），明确了大湾区在全国乃至全球经济格局中的定位，为粤港澳大湾区协同发展提供了顶层设计。在这一文件精神的指导下，2019 年 7 月，广东省委和省政府印发《关于贯彻落实〈粤港澳大湾区发展规划纲要〉的实施意见》（简称《实施意见》）和《广东省推进粤港澳大湾区建设三年行动计划（2018—2020 年）》（简称《三年行动计划》）。

根据《纲要》，大湾区以"建成世界新兴产业、先进制造业和现代服务业基地"为战略定位，以建设具有全球影响力的国际科技创新中心为重要目标，大力发展新技术、新产业、新业态、新模式，加快形成以创新为主要动力和支撑的经济体系。为实现这一目标，《纲要》要求，要着力培育发展新产业、新业态、新模式，支持传统产业改造升级，加快发展先进制造业和现代服务业。《实施意见》对大湾区产业协同发展提出了更加具体的规划，要求突出优势主导产业，加快传统产业转型升级，培育壮大战略性新兴产业，携手港澳建设国际金融枢纽，构建现代服务业体系。针对发展现代服务业，《三年行动计划》提出，到 2020 年，大湾区内地现代服务业占比达 60% 以上。

粤港澳大湾区建设的一大亮点在于对现代服务业发展的高度重视和对该地区发展现代服务业的优势条件的客观认识。现代服务业是制造业发展的重要润滑剂，对于高端产业的发展和传统产业的转型升级至关重要。粤港澳大湾区是改革开放的前沿阵地，国际化程度高，服务业发展基础良好。在认识到这种需求和条件的基础上，粤港澳大湾区建设将现代服务业发展放在重要地位，依托港澳现代服务业优势，以航运物流、旅游服务、文化创意、人力资源服务、会议展览及其他专业服务等为重点，构建错位发展、优势互补、协作配套的现代服务业体系。

三　推进闽西南产业区域协同发展的对策建议

（一）坚持政府推进，一张蓝图绘到底

科学充分的规划是闽西南协同发展的重要前提条件。在京津冀和粤港澳大湾区协同发展过程中，均开展了从总体到地区到部门的详细的成体系的规划，为推动两个地区的协同发展奠定了良好的基础。目前，闽西南协同发展正处于起步阶段，应当充分重视规划的重要作用。正如福建省委书记于伟国指出的那样，闽西南协同发展要以"功成不必在我"的精神境界和"功成必定有我"的历史担当，保持足够耐心，一张蓝图绘到底，一步一个脚印，把规划变成现实。闽西南五市应当在已有的总体规划基础上，聘请专业团队对该地区产业发展的现状进行问诊把脉和充分的规划。在此基础上，每一地区和部门，以及重点的产业区域都应该制定专门的规划，以形成合力、共同推动闽西南协同发展向前迈进。其中应尤其注意以下几个方面。

首先，制定可测量的评估指标体系。目前，闽西南协同发展的

规划和思路已大致确定，但有不少细节仍需完善，存在"想法多，数据少"的情况。建议对闽西南五市的产业状况进行更加明确详细的摸底调查，同时，参考京津冀协同发展的做法，建立闽西南协同发展数据库。在获取丰富的数据的基础上，对闽西南产业协同发展开展定期评估，在不断的评估中发现存在的问题，并及时纠正。

其次，明确政府权限，细化相关规划。目前，闽西南协同发展已经出台了作为指导性文件的总体发展规划纲要，但仍欠缺针对产业协同发展的专门规划文件。建议仿效京津冀产业协同发展的做法，由福建省相关部门牵头、五市共同参与，出台文件详细阐述产业协同发展的思路和愿景。同时，进一步明确政府在推进闽西南协同发展中的定位，限制政府的"积极主动"作为。如有必要，应拟定政府行为清单，清单之外的事务，政府层面应禁止干预。

最后，重视生产性服务业的作用。强大的生产性服务业是推动产业升级的重要动力。在粤港澳大湾区协同发展规划的过程中，相关省市十分重视生产性服务业的作用，但在闽西南协同发展目前的规划中，这一领域尚未得到充分关注。建议效仿粤港澳大湾区的做法，对闽西南地区生产性服务业的发展进行研究，并适时破解阻碍该领域发展的障碍性因素，进一步提升其发展水平。

（二）坚持市场主导，发挥企业能动性

坚持市场主导要求发挥好政府的辅助作用，紧密关注闽西南协同发展进度，及时破除相关体制和机制障碍。同时，适时出台鼓励和奖励措施，推动企业在协同发展的道路上行进。产业的协调发展光靠行政力量无法实现。行政力量能够协调的是区域协同发展的总体方向、总体资源分配比例，而具体到某一个子项目、哪一个企业的搬迁、哪一类群体的转移要实现要素优化配置，需要尊重市场的配置作用和法治的保障作用。行政意愿和市场意愿的协调，提供的是科学规划、有序实施的方法，法律意志提供的是基本保障。就此而言，闽西南产业协同发展的命题，是与治理机制改进密切相关的。就此而言，可以从以下三个方面采取进一步的措施。

首先，着力破除行政和政策壁垒，为人才、技术、资本、信息等要素的自由流动创造良好的条件。闽西南协同发展的最终目标应落脚在"发展"上，也就是提高闽西南地区的整体产业发展水平，不能为了协同而协同，不是搞平均主义。因此，在开展协同发展的过程中，应充分尊重市场规律，在合法合规的基础上，及时修改或废止不适应协同发展的地方规章制度，打破一市一区一县的小盘子，锻造闽西南五市的大盘子，降低相关制造业企业的发展成本，为做强、做优、做大该地区产业（企业）创造良好的制度环境。

其次，转变过分重视项目数量和规模的工作方式，针对整体产业部门的发展制定相应的政策。欧盟和英国的经验表明，政府在推动产业协同发展过程中的角色应当受到严格限制，如无必要，则不应涉足具体部门的发展，更不要说具体的项目和企业运作。闽西南协同发展在推进过程中重视大规模的上项目、上大项目，但欧盟的经验表明，这种方式的实际成效是值得怀疑的。今后闽西南协同发展可考虑将政府定位转变为以创造有利于协同发展的制度环境为主，同时可利用已有的两大基金，或者针对制造业专门设立新的基金，以企业或团队公开申报的方式，资助和鼓励有利于实现协同发展的产业活动，并缓解由产业转移和转型升级而可能造成的社会问题。

最后，充分发挥民营中小企业的作用。产业的转型升级并不是一味发展确定的几项或十几项产业（部门），不是一种政府"择优"的过程。欧盟的经验表明，即使是传统产业经过一定的转型升级和技术创新，依然能够创造良好的经济和社会效益。产业的提质升级离不开政府部门的引导和支持，尽管在政策实施过程中，政府部门习惯性地将国有企业作为实施政策的工具，但民营中小型企业的作用也不容忽视。闽西南地区民营中小企业发育较为良好，比如漳州的制鞋业等在全国具有重要地位。在推进闽西南协同发展过程中，应首先转变思维，放弃对国有企业和民营企业区别对待的做法，不以身份论英雄，而只关注其是否能够有效推动产业转型升级。在具体的实践中，建议在政策制定过程中避免国有企业和民营企业的二分法，不针对两者制定特殊政策。同时，确保各项政策措施能够在公开、公正、透明的环境下惠及各个符合条件的企业。

（三）坚持厦门带头，用好各方面资源

厦门是闽西南五市中经济最为发达、制造业较为集中、科技创新能力更为突出的城市，自然在闽西南协同发展的大局中被赋予了领头羊的角色。但如果仅靠厦门一市的积极性，恐难带动几市的共同发展。因此，有必要充分利用区内外各类资源，共同推动闽西南产业的协同发展。具体而言，可以从以下三个方面着手。

第一，明确五市定位和需求，有序引导资源转移。厦门以及相对较为发达的泉州和漳州需要将较低效益的经济部门和较低辐射的公共事业部门转移出去，但这个转移过程不是简单的"甩包袱"和"接包袱"，而是旨在通过产业转移，推动产业转型升级，提升整体产业竞争力，优化区域内的经济发展空间，培养经济和社会发展的共生极。如果不能清晰划分区域内五市的经济职能，而是争抢相对高效益、高附加值、能获得高投入的项目，那么产业的转移对接就可能出现梗阻甚至无序现象，区域内的产业转移和承接就无法形成平衡的、有利于内涵集约发展的新经济格局。因此，推动闽西南产业协同发展，就必须明确五市产业定位和主要需求，做到有的放矢。

第二，继续巩固厦漳泉同城化成果。厦漳泉同城化是三市长期以来推进的重要工程，至今已经取得了重要的进展，初步形成产业合力，其区域向心力和辐射带动能力显著增强。今后，应该继续增强厦门的中心城市集聚功能，提高厦门中心城市的向心力和辐射带动能力，提高厦门对厦漳泉其他区域的人才、资金、技术等要素资源的吸纳能力。同时，大力推动厦门的金融资本、产业资本、商业资本和社会资本加大对漳州和泉州的投资量，依托科研院所和高新技术企业优势，推动厦门成为区域性技术创新中心。举三市之力，推动闽西南五市在更大规模和更广维度上的融合。

第三，着力加强与台湾地区的合作，积极主动全方位地开展招商对接工作。今后，闽西南五市可依据闽西南功能定位合理确定产业引进和配置方向，按照《闽西南协同发展区发展规划》确定的重点发展产业，组建专门联合工作班子、落实专项工作经费。在具体的实施过程中，可在五市协商的基础上，制定统一的或者偏向于三明和龙岩两市的台湾地区产业引进政策。通过联合开展招商引资活动的方式，打包推荐闽西南协同发展的政策和优势，从而充分利用好台湾地区的优质产业资源。共同建设台商工业园，利用各市经济结构调整的契机，推动实现五市产业间合理转移、布局，逐步推进梯度转移，改善各市空间布局和产业结构，实现互利多赢。

第三章 闽西南港口海运协同发展

贺之杲*

闽西南区域协同发展是以厦漳泉同城化为引擎，以厦门—漳州—龙岩和厦门—泉州—三明为两大发展轴，以厦门和泉州为中心城市辐射带，实现轴带联动发展，并拓展与周边地区的联动空间，提升闽西南协同发展区发展水平。

港口群是处于同一区域空间，在功能性质、发展规模及运输结构上高度关联的一组港口所形成的港口集群。[①] 港口（群）协同发展要求港口之间、港口与上下游产业之间，以及港口与腹地之间的协调配合与协同运作，这既包括横向层面的港口间协同运作，也包括纵向层面的港口与关联产业的协同发展。作为城市协同发展的重要战略资源，闽西南港口海运区域协同发展战略实施的核心载体是闽西南梯度发展、分工合理、优势互补的区域发展格局的前沿阵地。港口（群）协同发展是提升港口航运价值、转变经济发展模式和创造财富的手段。港口（群）协同发展将成为闽西南区域协同发展的桥头堡。

---

* 贺之杲，博士，中国社会科学院欧洲研究所助理研究员。

① 唐宋元：《港口群协同发展的内涵、目标与意义》，《港口经济》2013 年第 6 期。

一 闽西南港口海运区域协同发展现状

闽西南港口群以厦门湾区为主，涉及厦门、漳州、泉州三市，包括九龙江口（内港）和外港，拥有 10 万～20 万吨级深水岸线资源。厦门港包括厦门市（东渡、海沧、翔安）和漳州市（招银、后石、石码、古雷、东山、诏安）的九大港区，以厦门岛为龙头，以厦门湾北岸和南岸为发展翼，涵盖同安区、翔安区、集美区、湖里区、海沧区、思明区、龙海市、漳州招商局经济技术开发区等 8 个沿海县（市、区）、开发区，自然海岸线总长约 899 公里，规划港口岸线约 106 公里，主要港口资源分布在环厦门湾和环东山湾。泉州湾区包括泉州湾、深沪湾、围头湾、湄洲湾南岸，涵盖鲤城区、洛江区、丰泽区、晋江市、石狮市、南安市、惠安县、泉港区等 8 个沿海县（市、区）。东山湾区位于漳州市境内，包括东山湾以及浮头湾、诏安湾等区域，拥有 20 万吨级以上深水岸线资源，包括漳浦县、云霄县、诏安县、东山县等 4 个沿海县（市、区）。

闽西南港口海运区域协同发展串联泉州湾、厦门湾、东山湾等湾区，整合湾区资源，推进核心港区整体连片开发和集疏运体系建设，打造面向世界的规模化、集约化、专业化的港口群。[①] 闽西南港口海运区域协同发展立足于各湾区的发展基础、区位特征和资源禀赋，成为带动闽西南区域协同发展的主体。

---

① 闽东北闽西南两个协同发展区建设领导小组办公室：《闽西南协同发展区发展规划》，2019 年 5 月。

（一）港口生产能力不断提高

厦门港是我国综合运输体系的重要枢纽、集装箱干线港、邮轮始发港、厦门东南国际航运中心的主要载体和海峡两岸交流的重要口岸，是国家确定的四大国际航运中心和四大邮轮运输试点示范港之一。厦门港是我国综合运输体系的关键枢纽之一。厦门港是闽西南经济协作区的核心港口，充分发挥厦门港及协作区内其他港口的辐射效应。2010 年，漳州的古雷港区、东山港区、云霄港区、诏安港区并入厦门港，由整合后的厦门港口管理局统一管辖厦门、漳州两市行政区划内的所有港区。

厦门港是我国东南沿海重要的天然良港，自然条件优越，全港建成生产性泊位 175 个，其中万吨级以上泊位 80 个（含 10 万吨级以上泊位 19 个），码头货物综合通过能力达 1.78 亿吨，其中集装箱通过能力 1100 万标箱。厦门港集装箱、邮轮、石油、煤炭等专用码头一应俱全。152 条航线连接全球 54 个国家和地区（包括中国台湾和香港），可直达 149 个国际港口，基本形成了辐射全球的集装箱快速航运网络。2019 年 10 月，厦门港古雷港区古雷作业区南 15 ~ 19 号泊位工程首件沉箱顺利出运安装，推动了服务古雷炼化一体化等项目的码头建设进程，有效助力了海峡西岸经济区建设，并实现了古雷石化园区的高速优质发展。

厦门港货物吞吐量和集装箱吞吐量继续呈增长态势。2019 年，厦门港完成货物吞吐量 2.13 亿吨，同比下降 1.73%，其中漳州港区完成 4638.54 万吨，占全港比重达 21.73%，同比下降 6.26%。2019 年，厦门港集装箱吞吐量完成 1112.22 万标箱（领先高雄 69.36 万标箱），同比增长 3.92%，其中漳州港区完成 42.80 万标箱,占全港比重达 3.85%,同比下降 8.74%。2018 年和 2017 年全年集装箱吞吐量分别为 1070 万标箱和 1038 万标箱,稳居中国主要港口第七位。2017 年,厦门港成为年吞吐量达千万标箱的大港,超过高雄港,居全球第 14 位。

水路运输周转量完成 2154.33 亿吨公里,同比增长 15%,增速排名位居全省第二。2019 年,厦门港水运固定资产完成投资 20.01 亿元。厦门辖区完成 7.44 亿元,重点开展漳州辖区建设,完成 12.57 亿元。此外,作为全国四大邮轮母港之一,厦门国际邮轮母港近年发展迅速,2019 年接待邮轮艘次已经过百,拥有多次接待超十万吨级以上邮轮的经验,改造后的泊位也具备接待 22 万吨级世界最大邮轮的实力。10 月 24 日,厦门国际邮轮母港迎来三轮同靠,具备了接待全球最大型集装箱船舶和全球最大国际豪华邮轮的港口条件。①

泉州港是闽西南经济协作区的重要港口,拥有 1300 余年历史,是"海丝"起点。泉州港港口资源优越,海岸线总长 541 公里,是福建三大港口之一。泉州港集装箱吞吐量排名上升至第 75 位。2019 年以来,泉州太平洋码头陆续开辟越泰线、日本线、外贸内支线等外贸航线,石湖港区集装箱单日吞吐量创下新高,突破 8000 标箱。泉州港不断完善"一带一路"航线布局,2019 年 9 月,泉州(石湖)—马尼拉航线布局进一步完善,该航线提供周班船期服务,开拓当地冷藏箱业务。2018 年以来,泉州港石湖作业区开展整车进口业务。2019 年 9 月,泉州港秀涂作业区 16 号泊位工程顺利通过交工验收,进一步提升泉州港吞吐能力,改善台商

① 厦门港口管理局,http://port.xm.gov.cn/gkfc/gkjj/。

区基础设施条件，更好地服务于地方产业发展。泉州港口企业累计投入约 1127 万元进行码头船舶污染防治能力建设。泉州港不断完善和增加口岸营商环境和稳定运行的航线，将吸引更多的航运企业进驻，并进一步完善口岸航线布局，降低企业物流成本，促进泉州与世界各地互联互通。

（二）闽西南涉港部门深化合作

厦门是"海丝"与"陆丝"无缝衔接的重要支点，是 21 世纪海上丝绸之路核心区战略支点城市，将继续发挥多区叠加优势，在闽西南港口海运区域协同发展中发挥领头羊、引领者作用。闽西南涉港部门建立对接工作机制，在加强政策支持、统筹推动厦漳泉港口错位发展等方面展开合作，以更好实现资源整合、优势互补。

2019 年 3 月 19 日，厦门港口管理局牵头组织召开闽西南协同发展区涉港部门联席会议，与泉州港口管理局、漳州市交通运输局、三明口岸办、龙岩经济开发区等部门共商港口合作，并邀请晋江、龙岩、三明、武夷山等陆地港参与对接。会议决定增加漳州招商局经济技术开发区交通运输局为闽西南协同发展区涉港部门联席会议成员单位。各部门围绕《闽西南协同发展区涉港部门对接工作机制》《闽西南协同发展区涉港部门 2019 年工作要点》商讨进一步合作的方向。

厦门港持续加大陆地港发展力度，通过鼓励企业投资建设、签订战略合作协议等方式积极布局内陆腹地陆地港网络，延伸港口口岸通关功能，扩大港口服务范围。同时，在陆地港平台上实现山海资源的对接与互补，实现区域经济协同发展。目前，主要有晋江、三明、龙岩、吉安等陆地港为厦门港提供货源。2019 年，闽西南协同发展区中晋江、龙岩、三明陆地港合计完成 9.36 万标箱。

（三）政策扶持与财政补贴力度加大

厦门市牵头组建闽西南城市协作开发集团和闽西南发展投资基金，按照先易后难、探索推广的原则，这成为闽西南区域协同发展的主要财政工具。闽西南城市协作开发集团注册资本 10 亿元，主要负责围绕成片开发的开发区、陆地港，以及城际快速路、港口集疏运体系等基础设施，发起设立项目公司进行实际运作等。其中，重要的一项内容是港口集疏运体系，闽西南发展投资基金总规模 100 亿元，首期募资 50 亿元，引入大型基金管理机构管理，这些资金投向包括重大基础设施在内的项目。基金采取子基金或项目直投方式运作。

2019 年，厦门港累计发放省市港航扶持资金 5.04 亿元。同时，贯彻落实《厦门市人民政府关于修订印发降低厦门港部分港口收费标准的通知》（厦府〔2019〕131 号）等文件，降低厦门港各项收费标准且覆盖到漳州港区，降低货物港务费、港口设施保安费，减免部分集装箱口岸查验费、引航费，为企业减负 1.36 亿元。

2019 年，古雷航道三期工程争取到交通部补贴资金 1000 万元，同时申请省补资金 1388 万元。2019 年开工建设的项目包括漳浦六鳌重装码头、古雷南 15～19 号泊位工程、漳州核电 3000 吨级重件码头及配套工程。[1]

---

[1] 厦门港口管理局：《关于推进闽西南协同发展工作情况的报告》，2019 年 7 月 25 日。

(四) 绿色和智慧港口建设

厦门港积极发展港口智慧物流平台,通过构建"一中心、四平台"(一个大数据中心、港口智能集疏运协同平台、多式联运服务平台、对台海运快件服务平台、一站式网上服务大厅)的智慧物流服务体系,实现港口物流链各方之间资源的协调联动。厦门港务控股集团、福建交通运输集团与中国远洋海运集团等发起倡议,俄罗斯远东海运、以色列以星航运等60余家航运、港口、货运、供应链企业共同响应,在2019年加快建设"丝路海运"联盟,从海运行业切入,打造"一带一路"国际综合物流服务品牌。

2019年,厦门入选国家物流枢纽建设名单,在发展港口型国家物流枢纽的基础上,推进厦门建设成为东南区域物流中心城市和国际性综合交通枢纽城市建设,实现多种物流模式的并进。厦门东南国际航运中心海铁多式联运示范工程列入国家第二批多式联运示范工程项目。目前,厦门已开展5条多式联运特色线路,包括"海丝"木材家具特色线路、中欧(厦门)班列特色线路、对台特色线路、欧美非进口原料特色线路、北方内贸特色线路,实现海陆双向辐射。2016年10月,厦门中欧班列列入国家《中欧班列建设发展规划》(2016-2020年),厦门市被列为沿海重要港口节点。国际海铁联运是厦门中欧班列的特色模式,为厦门聚集了更多的人流、物流与商流。同时,厦门还实施中欧安全智能贸易航线试点计划,通过中、欧海关以及海关与企业间合作,实现对集装箱及箱内货物的全程监控,建立安全、便利、智能化的国际贸易运输链。厦门港第三方公益性信用评价体系获得国家发改委肯定,领先全省乃至全国;海润集装箱码头、远海码头同时获得亚太港口服务组织

（APSN）2018年"亚太绿色港口"（GPAS）称号。[①]

厦门港在全国率先完成岸电改造任务，获得交通部表扬，累计连船作业61艘次，总供电量达157万度。制定并印发《关于落实新建、改建、扩建码头工程建设靠港船舶岸电设施的通知》，推动出台了《漳州市靠港船舶使用岸电管理暂行办法》，加快推动漳州辖区靠港船舶使用岸电设施改造。落实"蓝天保卫战"和"污染防治攻坚战"有关部署，严格落实《厦门市九龙江—厦门湾污染物排海总量控制试点工作实施方案》，联合厦门海事局出台《厦门港船舶大气污染物排放控制区实施方案》。

（五）港口与陆地港协同发展

在开展港口与腹地产业协同发展研究、优化发展进出口物流通道、推进区域物流合作项目的同时，努力强化沿海港口与内陆腹地的产业协作、物流合作。厦门港政策向各个港区延伸，推动自贸区厦门片区的功能及政策拓展到漳州招银、后石港区。以厦门港海沧港区、招银港区、后石港区为主强化港口辐射能力，巩固集装箱干线运输，发展国际邮轮、对台客滚航线，拓展现代物流和高端航运服务。[②] 港口海运区域协同发展为推进厦漳、厦泉、厦明、泉三产业和园区发展，特别是产业链、价值链协作体系的建设，系统推进产业群、城市群、港口群发展。

闽西南港口大力发展多式联运。闽西南码头发展专用的物流和

---

① 《厦门港口管理局顺利召开2019年度港口工作会议》，2019年1月，http://port. xm. gov. cn/gkzx/gkxw/201901/t20190111_2209341. html。

② 《闽东北闽西南协作区交通互联互通提速》，2018年8月21日，http://www. chinahighway. com/news/2018/1183233. php。

联运通道以及码头处理各种尺寸船只的能力，对于保持闽西南港口竞争优势地位至关重要，尤其是考虑到船只尺寸的持续增长。比如，厦门港最大靠泊能力达到 20 万吨级，同时满足 20 万吨集装箱船舶与 20 万吨级散货船舶组合双线通航要求，以及 15 万吨级集装箱船舶组合全潮双线通航要求。闽西南港口积极扩建闸口和泊位，购买新的、高科技、自动化的轨道场桥并扩建航站楼。

此外，闽西南港口打造对接长三角和珠三角、服务内陆腹地的现代化港口群。统筹港口、铁路、公路、内河港口等联动发展，强化重要港区与铁路、高速公路的对接，如海运港对接联动龙岩等陆地港。加快港口疏港铁路建设，完善"最后一公里"路网，提升港口快速集疏能力。发展以港口为枢纽的物流体系，开展冷链、汽车、化工等专业物流服务，加强港口物流信息化体系建设，完善大通关协作机制，提升集疏效率。到 2020 年港口年通过能力达 2.5 亿吨、集装箱 1350 万标箱。

2019 年，闽西南协同发展区中的晋江、龙岩、三明陆地港为厦门港输送集装箱重箱 9.36 万标箱。晋江陆地港除了传统港口服务板块外，还有跨境电商及国际快件业务板块、仓储服务板块、冷链服务板块、专业原拆展示中心，并为企业提供全方位的外贸综合物流服务。晋江陆地港依托泉州市产业集群优势，为厦门港提供了大量的货源喂给。2019 年晋江陆地港为厦门港输送集装箱重箱 7.88 万标箱，占 4 个陆地港为厦门港输送集装箱重箱量的 80% 以上。三明陆地港着力开拓木材、钢丝等货源，为厦门港输送集装箱重箱 7192 标箱。龙岩陆地港大力拓展木材、汽车、化工、有色金属等货源，精心构建"厦漳龙"物流通道，实现陆地港集装箱重箱量大幅增长，为厦门港输送集装箱重箱 7557 标箱，同比增长 134.33%。

二 闽西南港口海运区域协同发展的问题

(一) 港口行业转型阵痛

港口海运高速发展的时代总体已经过去,港口航运面临大转型的挑战。港口膨胀增长过程中的盈利模式面临新的行业转型问题,一是港口与腹地的关系发生变化,二是港口雷同竞争加剧。闽西南港口海运区域协同发展基础厚实、优势突出,但尚未在分工协作上形成整体合力,真正协同共生的港口群尚未形成。腹地的优势资源或产业构成了港口的主要货源,因此腹地与港口的发展休戚相关。闽西南港口群拥有交叉重叠的腹地和共同市场,并且直接腹地和市场较小,由此产生了区内各港激烈的同质化竞争,甚至恶性竞争,造成稀缺资源浪费和社会效率损失。

(二) 同质化竞争的内耗

闽西南港口相邻,有可能产生同质化竞争。港口海运的内耗严重,成为闽西南港口在行政协调和交流合作上的难点。闽西南港口群分属不同的行政区域,港口间尚未建立一套科学合理的分工、分配机制。闽西南港口各有利益取向,缺乏合理的协作,目前处于单打独斗、"各家自扫门前雪"的状态。同时,某些港口与国内其他大港有内贸线路的合作,但与本区域内港口合作很少,而竞争更多,同质化竞争日益严重。

为壮大港口业务,应对航运业困境,福建省、厦门市、泉州市均出台针对当地港口航运业发展的扶持政策,吸引货物从当地进出以及省内外运力回归和入驻。但漳州市尚未出台促进港口航运业发展的扶持政策。这说明厦漳港航运业一体化仍存在差距，仍未激发漳州招商局码头公司、漳州轮船公司等港航企业的活力，这也是港口业务同质化的一个体现。

（三）定位不清晰

闽西南港口存在定位不清晰的问题，出现重复建设、功能同构和生产结构趋同，海岸线资源利用效率不高。闽西南各港口近年来都实现了港口规模、吞吐量等一系列指标的增长，各港口仍在不断加大投资扩建力度，基础设施建设重复严重，已经造成目前吞吐能力的闲置和浪费，还有可能导致恶性竞争。

闽西南港口发展缺乏宏观指导，缺少集综合交通、海运和城市发展于一体的港口群整体规划。闽西南各港口有各自的发展规划，但无法与统一标准及整体规划对接。

三　国内外相关经验借鉴

从国内的发展经验来看，京津冀、大湾区协同发展对促进区域协调发展、优化资源配置和产业链条、提升整体竞争力、打造新的增长极发挥着积极作用，港口区域协同发展聚焦构建优势互补、协作共赢的关系。从欧洲和美国的发展实践看，港口协同发展都由港口经济、工业经济，再到第三产业，最后通过创新发展，成为带动全球经济发展的重要增长极和引领技术变革的领头羊。

(一) 京津冀港口协同发展经验

京津冀区域港口群的协同发展坚持错位发展思路，以互利共赢为基本原则，以资本为纽带探索建立一种合作模式，着力优化区域港口功能布局，构建高效、顺畅、协调的区域物流网络体系，推动港口资源的优化配置，建立优势互补、错位发展、利益融合的区域港口命运共同体，形成以天津港为核心，以河北省港口为两翼，全方位、多功能、整体竞争力强、分工协作的"一核两翼"北方国际航运中心港口群。①

京津冀港口协同发展在横向上是加强港口间协同，打造区域港口群，包括优化内部运营管理，实现集团内部港口的统一调度，加强港口资源整合，提升区域内港口竞争合力，实现港口间的优势互补；在纵向上是加强港口与关联产业协同，构建供应链集成服务体系，包括加强港口与集疏系统的协同，加强港口与物流园区的协同，加强港口与商贸物流的协同，加强港口与海运业务的协同。在具体的操作层面，京津冀地区设立津冀沿海产业投资基金，按照政府引导、市场运作、专业管理的原则，促进津冀地区转型和改革发展。天津东疆保税港区合资成立渤海津冀港口投资发展有限公司，统筹津冀港口开发与建设。

京津冀协同发展是习近平总书记亲自谋划、亲自部署、亲自推动的重大国家战略。国家级区域合作战略为港口协同提供了难得的机遇，港口协同发展为京津冀协同发展提供了有力支撑。

---

① 纪元香、张磊：《京津冀协同发展背景下港口错位发展研究》，《港口经济》2014 年第 12 期。

（二）大湾区港口协同发展经验

港口群及协同发展是粤港澳大湾区发展的最大优势。大湾区港口群包括香港、广州、深圳、珠海、东莞、惠州、江门、中山、澳门九个沿海港口和佛山、肇庆两个内河港口。目前，粤港澳大湾区的广州港、深圳港和香港港占据全球集装箱吞吐量十强港口中的三席，均超过 2000 万标箱。[①] 2019 年 2 月，中共中央、国务院印发《粤港澳大湾区发展规划纲要》，[②] 明确提出助推粤港澳大湾区建设，比如深化前海深港现代服务业合作区改革开放，推进珠江口东西两岸融合互动。粤港澳大湾区港口整合可以巩固各自的优势，形成优势互补、错位发展的格局。

大湾区协同发展具有"一国、两制、三个独立关税区、四个核心城市"的多元特点。提升大湾区港口群国际竞争力，提升港口的错位和协同发展，以及提升大湾区港口整体的竞争力是粤港澳大湾区建设的重要任务。多维度、多层次推进大湾区港口协同发展，构建多中心合作模式。大湾区协同发展中，深圳先行示范区建设发挥带头效应，广州港、深圳港和香港港的港口协作关系进一步提升。例如，广东省的港口资源整合基本由广州港集团和招商局集团主导。深圳港提出积极优化深港基础服务业结构，鼓励航运经纪、航运代理、船舶管理和水路客货运代理等航运服务企业实现规模化、高端化发展。大湾区港口群还发挥港澳独特优势、适应湾区经济形态演化规律，推进港口功能战略分工，实现港口差异化发

---

① 《助推粤港澳大湾区协同发展》，中国港口网，2019 年 9 月 8 日。
② 《粤港澳大湾区发展规划纲要》，2019 年 2 月 18 日，http：//www.gov.cn/zh。

展。大湾区港口协调优化发展的特点在于强化港口群各参与主体之间的沟通、对接,适应港澳与内地港口管理的不同特点,建立跨地区、跨部门和跨行政层级的跨界协调机制及高效的制度安排。[①]

(三)欧洲港口协同发展经验借鉴

欧洲港口已经从"地理距离"转向"经济运距",实现港口与经济腹地之间的经济运距的优化。[②] 欧洲港口在发展港口物流的过程中,始终将自身作为整个物流链的节点融入系统中,把提高采购、生产、销售各个环节之间的运作效率作为目标,并奉行开放式发展的战略。在港口的发展历程中,很重视建设以港口为依托的外贸特殊区域,如建设自由港,或在港口建设保税区和保税仓库,使港口拓展与外贸相关的物流增值服务。

为了扩大港口的辐射范围,汉堡港发展远程集装箱铁路运输,以及港区内外的铁路货运编组站,实现了铁路运输与港口铁路集疏运体系的有效衔接。除了铁路运输,汉堡港还利用公路网络,发展短途公路运输,提升港口周边经济腹地的区位优势。汉堡港通过自动化改造提高港口效率,并且通过科技创新手段及时、有效地调配货源,从而降本增效。

哥本哈根—马尔默港是由丹麦哥本哈根港和瑞典马尔默港组成的港口群。该港口群有4个邮轮码头共14个专用泊位(哥本哈根港10个、马尔默港4个)、邮轮母港航线10条、汽车滚装码头泊位12个,其余为液体散货、干散货和集装箱码头。哥本哈根和马

---

① 张国强:《粤港澳大湾区港口群优化协调发展研究》,《综合运输》2019年第1期。
② 徐萍、梁晓杰、刘晓雷:《欧洲港口发展现代物流的启示》,《综合运输》2008年第3期。

尔默成立统一的港口企业，负责经营哥本哈根港和马尔默港，双方各占 50% 股份。哥本哈根港和马尔默港采用相对错位的发展思路，邮轮码头主要在哥本哈根，滚装码头主要在马尔默，这可以避免同质竞争。

鹿特丹港致力于港口、城市和区域之间协同作用的最大化，并为每个人创造良好的工作环境。鹿特丹港创造了人员循环经济，以刺激港口公司之间的员工流动。鹿特丹港务局为员工提供适合港口公司需求的技能培训、面向未来的培训，并尽可能多地吸引鹿特丹及其周边地区的人员来港口工作。鹿特丹港将员工、雇主和其他利益相关者纳入港口发展中，并激励港口内不同利益相关者之间的合作。鹿特丹港通过释放人力资本潜力和确保港口满足新经济的要求，实现了港口间的协同发展。

此外，欧盟为了实现内部港口之间的一体化，1993 年成立了欧洲海港组织，对欧盟内部分属于 20 个国家的 1600 个港口实施统一协调与管理。[①] 该组织的工作特点是采用协会式管理，有较为完善的组织构建，但不直接干涉会员的经济活动；提供多元化服务，如制定共同的海事标准，提供培训和咨询，统计港口数据并提供交流平台。同时，欧盟委员会设立"连接欧洲"基金（CEF），目标是实现跨欧洲网络的发展和现代化以及促进跨境合作，特别着重于促进不同部门之间的协同作用。

（四）美国港口协同发展借鉴

美国纽约—新泽西港区在协同发展过程中采取的策略是：行政

---

① 刘菊香：《欧盟港口疏通改革之路》，《中国港口》2017 年第 3 期；李幼萌：《欧洲港口联营合作与欧盟行业反垄断调查》，《港口经济》2012 年第 5 期。

机构采取企业化委员会管理模式、财政政策采取自给自足的资本运营模式、综合治理采取绿色港口品牌建设模式、[①] 项目运营采取效率与理性的管理模式。美国设立跨越两个州的协同治理机构——纽约新泽西港口事务局（简称纽新港务局），负责协调管理两个州港口及其相关腹地。海铁联运、海陆联运异常发达。纽约、新泽西地区的港口、铁路、公路及重要桥梁都由纽新港务局管理，在资源统筹调配上具有得天独厚的优势。

纽约—新泽西港区合作模式采用的是企业化公共机构管理模式。纽新港务局委员会委员由两个州的州长直接任命，只对两个州的州长负责。纽新港务局作为特许经营机构以市场机制提供公共服务，这种非政治化运作管理模式一定程度上避免了官僚化，提高了运转效率。纽新港务局积极开展绿色港口品牌建设，包括建立港口环境管理体系、推进物流系统优化升级并有偿激励船舶减排。

从国内外港口群协同发展实践看，有四方面启示可供参考。一是政府在港口群协同发展中发挥重要作用，特别是在港口资源整合初期，政府的顶层设计和规划引领作用十分重要，中后期政府的作用主要体现为营造良好营商环境，吸引集聚高端要素。二是市场化运作，要充分发挥市场在资源配置中的决定性作用，特别是大型港口、港口龙头企业以及港口事务局的作用至关重要。无论是欧美国家的港口协同发展，还是京津冀和大湾区港口协同发展，都有一家大型港口集团作为港口整合的主导者，充分发挥市场化运作的资本

① 《粤港澳大湾区将借鉴纽约湾区的经验，协同发展，打造世界级港口群》，搜狐网，2018 年 9 月 5 日。

及经营优势。三是准确定位，明确分工，实现港口群统一规划，有序开发、合理利用港口资源及腹地资源，避免重复建设造成港口的结构性过剩。四是港口海运与航运、临港产业、高端航运服务业融合发展。

四　关于进一步推进闽西南港口海运区域协同发展的建议

如何实现闽西南港口群协同发展，促使区域内各港口从整体利益和国家战略高度出发，需要做好顶层设计，充分发挥各港口的比较优势，推动港口之间的分工合作、协调发展。使区域港口群形成一个有机整体，是闽西南港口海运区域协同发展的关键所在。闽西南港口海运区域协同发展必须坚持以下基本方针：一是政府加强顶层战略设计，完善监督管理体系，充分发挥政府的宏观调控作用，同时重视市场主导资源整合的作用；二是发挥港口比较优势，实现港口功能的战略性互补和差异化发展；三是多维统筹协同发展，实现闽西南港口群与城乡经济、区域经济、生态环境、社会发展和国家战略的协同发展。闽西南港口海运区域协同发展形成以厦门港（包括厦门市和漳州市的港口资源）为核心、泉州港为辅，全方位、多功能、整体竞争力强、分工协作的"一主一辅"闽西南海运港口群。

（一）亟待整体优化和协调发展

按照中央提出的新发展理念的总体要求和落实福建省加快推进闽西南经济协作区发展的部署，加快制定闽西南港口群协同发展专项规划，加强闽西南港口群协同发展的顶层设计。闽西南各政府建立港口发展战略协调小组，负责主持有关闽西南港口群协同发展的顶层设计工作，并做好长期作战的思想准备。建议赋予厦门先行先试制度创新的更大权限，支持厦门探索闽西南世界港口航运中心的体制机制及政策，为闽西南港口群深度融合提供制度创新的示范。

必须打破行政壁垒，通过港务部门交流合作机制，推动各项工作开展，同时重视市场手段的大力发展。建议闽西南港口组建一个共同的海港组织或跨区域港口管理委员会，如闽西南港口管理委员会，突破闽西南港口间的行政壁垒，负责闽西南港口群协同发展的顶层设计、统一规划和协同管理，通过建立共同的信息、调控与监督、交流与反馈、激励与约束平台，通过信息流、资金流及全程物流链实现多中心联动，协调各港口之间的利益、确保各港口的公平竞争，最大限度调动港口发展要素。在此基础上，各港口根据自身基础和特色，承担不同的职能。闽西南港口在经营上保持各自独立，但在对外竞争中形成一个整体。

（二）推进港口功能战略分工，实现港口差异化发展

鉴于闽西南港口群是多中心港口，具有多营运主体、多行政层级特点，建议围绕港口群及城市群的协同发展目标，构建港口群协同发展的多中心合作模式。从全球、国家和地方着眼，引导港口重新配置资源，实现港口间比较优势和战略性互补，推进闽西南港口的战略分工与协作。港口能够产生强有力的经济能量聚集、扩散和辐射效应，港口海运与内陆港的互联互通，可建立发达的立体多式联运网络，提升海空联运、海陆联运、海铁联运、水水联运的能力，

扩展港口与腹地空间的紧密联系和纵深范围——沿厦漳龙、厦泉三轴线拓展腹地，并向广东和江西延伸。港口协同发展必须走强强联合、错位发展、互补共赢、做大做强的路线。厦漳泉港口在已有合作的基础上，进一步深度融合，成为世界港口航运中心。加强港口间协同，整合港口资源，打造区域港口群，提升区域内港口竞争合力。提升港口网络化发展水平，建设港口网络化发展共同体，提高闽西南港口资源配置的整体效率。闽西南港口海运协同发展形成分工有序、主次分明、各具特色的发展格局。

（三）推进港口产业链升级与深化

实现港口海运经济的全面升级，对港口群的协同发展具有外溢和内生的多重意义。港口协同发展增强服务创新，将网络化嵌入港口物流服务和航运服务。港口产业链升级与深化是港口协同发展的核心，延伸产业链、提升供应链和创造价值链是港口未来协同发展的方向。闽西南港口协同发展促使港口功能进一步完善和增强，运输枢纽与产业建设、城市发展相统一，以港口为平台，形成城市、环境、金融、服务、科技、物流、商贸相融合的港产城一体化格局，优化提升临港产业布局，建设港口、产业、城镇发展密集区，港口群辐射范围进一步扩大，并带动东南沿海的发展。

闽西南港口协同发展以供应链价值创造为导向的精益化发展。其一，加强港口与集疏系统（港口联通陆向腹地的纽带，包括铁路、公路等运输方式）① 的协同、港口与物流园区的协同、商贸物流的协

---

① 朱容正：《基于协同理念的现代港口企业发展策略》，《中国水运》2017 年第 4 期；侯永志、张永生、刘培林等：《区域协同发展：机制与政策》，中国发展出版社，2016。

同、海运业务的协同。其二,深化港口经济与工业经济、贸易经济、金融经济及数字经济等不同经济业态的融合发展,把强大的港口经济转化为创新经济,生成新的增长点,构建新的生产力。其三,有序引导先进制造业、新兴产业向闽西南港口集聚发展,加快建设石化、冶金、船舶、机械装备、电子信息等临港产业基地,引导新能源、新材料、生物医药、海洋高新技术等战略性新兴产业向临港产业基地集聚发展。其四,联合建立闽西南港口群发展智库,以项目研究、高峰论坛等方式加强互动交流,营造闽西南港口群协同发展氛围,催生港口群协同发展的新思路、新模式、新举措,比如发展数字智慧港口建设、绿色生态港口建设,改善港口营商环境,实现港口转型升级高质量发展,并探讨大数据背景下的港口运营、智慧物流、绿色发展、生态配置、互联互通等创新发展路径。

(四)发挥厦门独特优势

依托厦门航运资源进行拓展,紧密港口网络,发挥特别是厦门中心城市引领带动和自贸区厦门片区、国际航运中心、国家海洋经济发展示范区的平台作用,提升厦门港在闽西南港口资源整合与协同的核心作用,服务国家战略实施。厦门作为"海上丝绸之路"建设的支点城市,加强同共建"21世纪海上丝绸之路"国家的港口与航运合作。同时,厦门港口建设以及区域协同发展是以实现两岸统一和共同繁荣的政治经济逻辑为导向。在闽西南港口共创世界港口航运中心的框架下,厦门港集中优势力量,全力打造综合型枢纽港。依托厦门自贸区建设,推进投资、贸易、金融、综合监管领域的制度创新,着力推进投资和贸易便利化,进一步优化港口口岸通关环境,提升通关便利化水平,增强城市集聚辐射效应。通过港口集聚效应、溢出效应及知识外溢效应，集聚高端企业、高校和人才，催生港口群创新网络体系，创新"互联网＋港口经济"发展，促进港口航运服务新业态和新兴物流业发展，进一步延伸港口产业链，促进港口群与城市、与产业的融合发展，进一步扩大闽西南港口群的"乘数效应"。

目前，港口是交通运输体系的前沿阵地，成为具有全球要素配置能力的综合型经济增长中心，港口区域成为吸引资源要素和产业集聚的密集地带，因为海洋运输成本相对低，集装箱运输成为洲际运输的主要方式。一方面，闽西南港口是闽西南区域协同发展的基础结构和重要载体，形成海向拓展、陆向支撑、全方位对接融合的协同开放联动发展格局，是闽西南地区将港口经济、工业经济、服务经济、创新经济衔接在一起的起点。另一方面，闽西南港口区域建设还有重要的政治意义，在未来有助于推动福建与台湾地区经济和社会发展的深度融合，促进和维护两岸的繁荣与稳定，最终助推中华民族伟大复兴目标的实现。

第四章　闽西南文化旅游业协同发展

张金岭[*]

文化旅游业是闽西南协同发展中重点培育的优势产业之一。如何在充分整合闽西南地区文化与旅游资源的基础上，推进创新，拓展互补共赢的空间，是实现闽西南五市文化旅游业协同发展、共同进步的关键。就此而言，闽西南五市不仅拥有推进协同发展的文化资源基础，而且有取长补短、合作共赢的发展空间，以及明朗的合作前景。

一　闽西南文化旅游业协同发展现状

闽西南地区的协同发展起步时间虽然不长，但基于各自的发展基础和合作共赢的意愿，闽西南五市已经在整合各自资源与产业优势的基础上，在协同发展的方向上向前推进了一大步。

目前，厦门市文化和旅游局牵头，在厦门、漳州、泉州、三明、龙岩五市旅游行政主管部门携手合作建立的闽西南旅游协同发展工作机制下，已经扎实有效地稳步推进了旅游产业协同发展的各项工作，并取得了一定的成效。

---

* 张金岭，中国社会科学院欧洲研究所研究员。

（一）确立旅游合作工作机制和工作方案

目前，五市旅游部门通过联席会议，共同协商确定了《闽西南协同发展区旅游部门工作方案》、《闽西南协同发展区旅游部门合作章程》和《闽西南协同发展区旅游部门轮值工作计划》等指导性文件，进一步建立健全了闽西南旅游协作机制，推进旅游产业深度对接，打造紧密型旅游区域联盟。总体来看，闽西南五市文化旅游产业的协同发展已经迈出了甚为积极的一步，为未来文化旅游资源的深度融合与协作开发奠定了良好的基础。

（二）加强文化旅游品牌建设并在全国推广

闽西南协同发展区已经开始侧重文化旅游资源的整合，联合打造贯通五市的旅游品牌，"抱团"在全国范围内开展推介活动。2018 年10 月，闽西南协同发展区五市旅游主管部门首次整合五市旅游资源和产品，赴河南郑州和江苏徐州、连云港等地，开展"清新福建·山海闽西南"联合推介活动，吸引当地市民体验闽西南的"好山好水好风情"，进一步提升了"清新福建·山海闽西南"旅游品牌的知名度。2019 年7 月，五市又联合举办了"全福游有全福·山海闽西南"文化旅游宣传推广活动，相继走进湖北、湖南，在武汉、长沙举办专业文化旅游分享会，在岳阳举办文化旅游公众体验会。

（三）创建营销平台，联合拓展台湾入境市场

为充分发挥闽西南协同发展区对台区位优势和旅游整体优势，闽西南五市携手共拓台湾市场，依托台湾雄狮国际旅行社在全台强大的营销网络优势，2018 年12 月在台北和高雄设立了"清新福

建·山海闽西南"旅游形象店。旅游形象店通过五市旅游形象展示、旅游产品持续开发与销售、平面与网络媒体宣传推广、主题旅游活动营销等多渠道立体化的多元推广形式,向台湾民众展示厦门、漳州、泉州、三明和龙岩的旅游产品和资源,让台湾民众更直观、更深入地了解闽西南特色旅游元素,深度推广五市旅游资源和产品,共同打造闽西南区域旅游品牌。

(四)借旅博会宣传闽西南旅游业协同发展

2019 年 4 月,第十五届海峡旅游博览会暨第五届中国国际休闲旅游博览会(简称旅博会)在厦门举办。闽西南协同发展区旅游部门精心筹划组织各类特色旅游宣传推广与热卖活动,将旅博会参展主体和受众拓展到厦漳泉三龙闽西南五市,把旅博会打造成区域旅游资源共享平台,推进闽西南协同发展区旅游合作发展。相关活动包括五市联动强化旅博会宣传,首设闽西南热卖大街,举办闽西南游客节,开展公益免费游活动惠及闽西南游客,等等。

(五)旅游质监和导游培训跨区域联动促进一体化发展

2018 年 8 月,闽西南五市旅游质监区域协作座谈会在厦门召开,签署旅游质监执法区域协作备忘录,持续推动闽西南旅游区域协同发展,着力构建"放心游闽西南"的旅游市场综合监管机制。2018 年 12 月,厦、漳、泉三地旅游主管部门联合举办了"厦、漳、泉青年骨干导游专题班",合力开展导游骨干培训,共有来自厦、漳、泉三地的优秀青年骨干导游员 110 人参加培训,进一步提升了导游员对闽西南地区及海丝历史文化的深刻理解,增强了青年骨干导游员的专业素质和跨区域讲解服务能力,加深了各地在导游员管理及服务方面的交流与合作。

（六）加强文化旅游产业人才储备

闽西南五市注重加强文化旅游产业发展的人才吸纳与储备工作。比如，厦门市于 2019 年出台了《厦门市旅游产业高层次人才计划实施办法》，旨在围绕高质量发展落实赶超建设高素质高颜值现代化国际化城市的目标，加大厦门市旅游产业高层次人才的引进和培养力度，为建设国际滨海花园旅游名城提供强有力的智力支撑和人才保障。该政策为旅游产业的高层次人才（领军人才和高级人才）提供了具有吸引力的扶持政策，包括工作生活补助金、创业扶持政策、人才住房、金鹭英才卡、培训补助等。泉州市于 2019 年启动"文化广电和旅游人才三年行动计划（2019 - 2021年）"，拟在三年内培育一批高素质的文旅人才。在此框架下，泉州将重点实施人才发展体制机制创新、文旅人才专业技能提升、涉外文旅人才交流培养、中青年人才传承"群星"、文旅师资人才培养"名师"、文旅后备人才培育"薪传"、人才服务文旅平台升级、社会文旅人才培养推广、泉州文旅人才信息共享、加强人才文旅服务保障等十大行动计划。

值得注意的是，《闽西南协同发展区发展规划》不仅专门在"联手培育优势产业集群"框架下提出了旅游产业发展的规划，[①] 而且旅游业

---

① 其基本定位是：推进全域生态旅游和优质旅游，合力打造闽西南山海生态旅游、闽南—客家文化旅游、红色旅游、"海丝"文化旅游、研学旅游等跨区域"一程多站"精品旅游线路，建设泉厦漳海丝文化、厦门全域旅游示范区、福建土楼等产业集群区，培育环东山岛旅游、闽西红色旅游、大戴云旅游、沙溪百里画廊旅游等新兴集聚区。搭建统一的区域旅游营销联盟，形成线路互推、客源互送、利益共享的营销体系，推动旅游产业共同发展。推进"旅游＋"融合发展，创新产品供给，培育一批旅游产业集团和产业联盟，带动区域旅游品牌、产业效益、产品体系、市场监管、服务品质提升。

也被整合进其他领域的协同发展①中，并发挥着重要的支撑或平台作用。从上述发展定位中可以看出，闽西南区域协同发展中，既注意到了闽西南五市的协同发展，又特别注重对台工作，很多政策举措都将与台工作对接密切关联起来。

---

① 相关内容涉及：①在"经济融合发展"的框架下，"产业分工与协作统筹推进，共建11个山海协作区（园区），旅游实现联动发展"。②闽西南协同发展区致力于构建"一核三湾两带两轴"发展格局，其中旅游业发展是"山区绿色发展带"的重要支撑，要"依托龙岩、三明全域和漳州、泉州西部，发挥山地绿色生态资源优势，统筹开发利用红色旅游与生态旅游资源，协同提升特色产业发展水平，打造山区绿色发展带"。③在"三大重点湾区"发展规划中，"积极发展滨海旅游、渔业及加工等传统优势产业"。④在"山海城乡统筹促进均衡发展"框架下，共建一批包括文化旅游产业在内的产业园，深化拓展沿海发达地区与内陆地区包括文化旅游在内的多个领域合作，加强山海协作，对接城市消费需求与乡村生态旅游供给，带动乡村振兴。⑤在"优化提升区域道路网络布局"框架下，强化普通国省道对包括旅游景区在内的诸多区域的连接和覆盖，提高城郊接合部交通快速通行能力。⑥在"联手培育优势产业集群"框架下，以高品质、时尚化、个性化为发展方向，做强泉州旅游运动鞋制造基地。⑦在"共建联营产业园区"框架下，建设一批生态旅游文化产业园。⑧在"联手保护传承区域特色文化"框架下，加强文博、书画、摄影、非遗、文化创意等文化活动合作交流，共同搭建地域、文化、历史、旅游资源等宣传推广平台，推动文化与旅游融合发展。⑨在"加强公共文化服务合作"框架下，推进文化创意开发联盟建设，并"发挥厦门文博会等大型展会平台优势，加大闽西南文化产业合作推广力度"。⑩在"打造对外交流合作平台"框架下，办好中国（厦门）国际休闲渔业博览会等，广泛开展教育、科技、旅游、卫生、体育等领域交流合作，打造与"海上丝绸之路"沿线国家和地区合作交流的国际化、专业化、便利化平台。⑪在"推动闽台应通尽通取得更大突破"框架下，促进包括文化创意在内的诸多优势产业互补合作、深度整合。⑫在"打造两岸文化交流重要基地"的框架下，发挥海峡论坛平台作用，全方位推动"闽台缘"系列交流活动，深化闽南文化、客家文化、妈祖文化、朱子文化交流，推进闽台文化产业和文化事业融合发展。同时，推动扩大海峡两岸文博会等涉台文化产业展会的规模与影响力，常态化举办东山关帝文化旅游节、定光佛文化旅游节等涉台祖地民间信仰活动。⑬在"加强闽台青年与智库交流合作"框架下，深度挖掘整合推出闽南、客家文化之旅等不同主题的研学旅游线路，吸引台湾青少年学子来闽西南修学旅游。⑭在"主动对接国内重点区域"框架下，主动融入粤港澳大湾区建设和泛珠三角区域合作，共同推进无障碍旅游区建设，打造国际黄金旅游区。同时，带动老区苏区加快发展，坚持经济发展和生态保护相协调相促进，用好清新福建"全福游""有全福"品牌，大力发展红色、乡村、休闲、生态旅游，加快旅游特色村、休闲养生基地建设，培育一批绿色低碳产业集群。

二　闽西南文化旅游业协同发展的问题

综合来看，闽西南地区文化旅游业协同发展的短板也较为明显，主要表现在以下几个方面。

（一）文化和旅游融合发展还有待加强

闽西南文化旅游业的协同发展，既注意到了将旅游产业定位为优势产业，着力推进全域生态旅游和优质旅游，又着力搭建统一的区域旅游营销联盟，形成线路互推、客源互送、利益共享的营销体系，推动旅游产业共同发展，推进"旅游＋"融合发展，创新产品供给，培育一批旅游产业集团和产业联盟。但这样的发展规划，过于强调旅游业的"产业属性"，而忽视了其"文化属性"。尽管文化旅游业可以创造可观的经济效益，但它所拥有的文化属性是不容忽视的，文化旅游产业的发展应当将其文化功能置于优先的位置，借以为整个区域协同发展创设良好的文化和社会环境。因此，应当将文化旅游业的协同发展与闽西南地区文化建设的协同发展密切结合起来，在增强公共文化建设的同时，大力发展文化旅游业。

（二）未能充分撬动闽西南地区丰富的非物质文化遗产资源

目前，闽西南五市旅游资源的开发较为集中于自然资源、生态资源与革命文化等，而未能充分撬动闽西南地区丰富的文化资源，尤其是对该地区非物质文化遗产的开发和利用还不够。开发和利用非物质文化遗产资源，可以引导游客更为深入地体验闽西南丰富的文化风俗及其传统，同时可以实现非物质文化遗产的开发性保护，并为地方文化建设提供经济动力。

（三）闽西南区域旅游产品的品牌建设还有待加强

闽西南地区拥有丰富的人文、自然等旅游资源，但总体上对这些资源的统筹开发与利用还有待加强，尤其体现在旅游产品与路线的开发与推介方面。目前，五市旅游产业的协同发展还仅仅停留在各自既有旅游产品与项目的联动方面，缺乏深度合作。五市应当对各自拥有的旅游资源进行梳理，尤其是对大量文化遗产、非物质文化遗产资源的梳理与开发，将之重新打包，打造面向不同游客群体的产品，重点突出不同旅游产品对五市的"串联"和"联通"，增强彼此之间的旅游互动。

（四）文化创意产业对文化旅游业协同发展的参与不够

厦门在文化创意产业发展方面积累了丰富的经验与雄厚的实力。目前来看，五市在文化创意产业领域的协同发展还存有很大的拓展空间，厦门应当在此方面充分发挥龙头作用，应当把"大文博会"理念带入闽西南文化产业协同发展的推进中，并推动创意设计、动漫游戏、影视、古玩艺术品、数字文化与新媒体、印刷复制、演艺娱乐和文化旅游等文化产业领域快速发展，有针对性地将其他四市相应的文化资源带入上述领域的发展中，尤其是要把它们的传统文化资源纳入其中。

综合而言，闽西南地区文化旅游业的协同发展应当纳入区域产业发展与文化建设的整体范畴内考虑，并着眼于增强区域文化认同感与凝聚力，为经济发展提供文化动力，建设更大的对台工作文化基础，增强国际交往的文化动力。同时，还应强调以文化建设为载体，推动五市不同部门之间的深化合作。

三　国内外相关经验与启发

国内外很多区域一体化或区域协同发展中加强文化建设、促进旅游业与文化创意产业发展的实践做法，为闽西南地区的协同发展提供了一些值得借鉴的经验。这些经验虽然并不一定能够完全套用于闽西南地区的协同发展，却具有较大的启发意义。

（一）欧洲创意产业与旅游产业发展的经验借鉴

欧洲在推进一体化初期就适时推出了欧盟层面的文化政策，夯实了欧洲一体化的文化与社会基础，增强了各国民众的欧洲认同，为一体化进程提供了不容忽视的力量与活力，使文化成为经济、社会发展的重要元素。其中，创意产业和旅游产业的发展是欧盟文化政策助力经济发展的两大支柱。应当说，欧盟文化政策具有重要的战略内涵，是欧洲一体化进程中经济、政治战略不可或缺的内容。利用欧洲统一大市场的优势发展文化产业，是欧盟文化政策贯穿始终的观念。

欧盟的文化政策，既致力于在欧洲范围内弘扬共同的文化遗产，发展各成员国文化，尊重各国各地区的文化多样性，又促进了各国民众对社会生活的参与，活跃了文化经济。

从1980年代开始，当时的欧共体就开始密集推出一系列文化项目，涉及视听业、文化遗产保护与利用、文化艺术创作与传播等领域。1990年代初期，欧盟还根据《马斯特里赫特条约》有关文化建设方面的精神，建立了三个基金计划来加强文化事业发展：一个是"万花筒"

计划，旨在促进艺术创造和文化交流；一个是阿里安计划，旨在促进书籍出版、翻译和阅读；一个是拉菲尔计划，旨在促进文化遗产保护。

从"文化 2000"计划开始，欧盟更为明确地致力于促成一个共同的以文化多样性和共同历史文化遗产为特点的欧洲文化领域。到 2007 年，欧盟出台了"欧洲文化议程"，其中所明确的优先发展领域包括：改善文化艺术领域专家学者间交流条件；增强文化的可获得性具体措施，包括促进文化遗产、多言语、数字化、文化旅游、教育的综合作用特别是艺术教育和收藏品的流动性；增进文化部门数据信息技术，增强其兼容性；发挥创造性企业特别是中小企业的文化潜力和创造力；促进实施《保护和促进文化表现形式多样性公约》。[①] 在 2014～2020 年文化框架性项目中，欧盟委员会决定整合文化、媒体及其他相关文化项目，打造一个统一的文化和创意领域的一站式项目平台"创意欧洲"（Creative Europe），并开放给欧盟范围内的所有文化和创意部门。欧盟已经实施多年的"欧洲文化之都"、欧洲文化遗产日、欧洲遗产标签等项目，均被整合进"创意欧洲"计划。

综合来看，欧盟文化政策、文化创意产业与旅游产业发展对闽西南区域协同发展所能提供的经验借鉴主要体现在以下三个方面。

1. 文化政策着眼于持续强化各国民众的欧洲认同

欧盟的文化政策始终着眼于推动和促进欧洲一体化，维护其核心价值。欧洲文化的"多元统一"是欧盟得以形成的文化根基，也是其文化政策重要的着眼点，一方面，保护欧洲各国的文化多样性，促进不同文化之间的交流；另一方面，着力增强欧洲文化的认同感和凝聚力，在文化上促进欧洲的统一。很多文化项目都明确，

---

① 陈亚芸：《欧盟文化政策解析》，《云南大学学报》（法学版）2010 年第 6 期。

要致力于各国民众欧洲认同的提升，比如 2007 年"欧洲文化议程"就明确提出，要推动文化间对话的可持续进程，促进欧洲身份认同，提高公民意识和社会凝聚力，发展公民的跨文化能力。面向欧洲的文化认同，各文化项目为欧洲一体化夯实了情感与民意基础。

就文化政策及其行动领域而言，文化遗产保护与利用是欧盟文化政策的重点领域。它不但成为保护欧洲文化多样性、增强欧洲认同的重要载体，而且成为创意经济与文化旅游产业发展的重要支撑。

2. "创意欧洲"成为统筹文化项目的综合平台

欧盟一直将文化视为经济发展的催化剂，尤其是进入知识经济时代，文化创意是知识创造的源泉，是创新的基础，也是欧盟经济增长、提升竞争力和促进就业的重要驱动力。2008 年金融危机和2010 年欧债危机以后，欧盟更加重视文化创意在推动经济转型发展中的重要作用。[①]

"创意欧洲"是 2014～2020 年欧盟文化政策采用的总称，以促进文化创意产业的发展为核心目标，投入的全球性预算总数为14.6 亿欧元。"创意欧洲"被视作欧盟"2014～2020 年文化计划"的核心，并与"欧盟 2020 战略"接轨。其总目标包括维护、发展和促进欧洲文化和语言的多样性，资助欧洲文化遗产的保护。加强欧洲文化和创新领域的创新能力，尤其是影视领域，其目标是促进智慧增长、可持续增长、可协同（融合）增长。

"创意欧洲"支持的领域限定在"文化和创意部门"。这一计

---

① 保罗·劳塞利·科斯特尔、劳尔·阿韦莱、多·桑奇斯、李传：《欧洲的文化政策》，王莹译，《中国文化产业评论》2019 年第 1 期；钟晟：《欧盟"创意欧洲"文化政策及其意涵》，《中国文化产业评论》2019 年第 1 期；戴启秀、王志强：《欧盟文化和创意产业研究：基于欧盟文化战略的视角》，《德国研究》2016 年第 3 期。

划所支持的文化活动包括体现文化、艺术和其他创造性表达的产品和服务的开发、创造、生产、传播和保存，以及教育或管理等相关环节。该计划所涉及的文化和创意部门包括建筑、档案馆、图书馆、博物馆、艺术工艺品、音像（电影、电视、电子游戏和多媒体）、物质和非物质文化遗产、设计、节日、音乐、文学、表演艺术、出版、广播和视觉艺术等。

欧盟将其文化政策整合在"创意欧洲"的框架下，促进了不同政策领域与文化项目之间的协调，在提升欧洲文化认同、促进文化经济发展、增强欧盟国际软实力及其影响力等方面发挥了重要的作用。具体而言，"创意欧洲"的政策意涵表现在以下几个方面。

一是作为欧洲社会治理的文化政策工具。近些年来，欧洲社会普遍面临着移民问题、恐怖主义、极端主义、分离主义、民粹主义等诸多问题，社会治理面临种种危机，在此背景下，"创意欧洲"成为促进欧洲社会整合的重要平台。

二是具有不可替代的文化经济功能。《欧洲文化议程》（2007）明确指出，文化创意产业对欧盟的经济增长和就业做出了重要的贡献，同时也是培育创新型社会、促进科技创新的基础，培育了新技术，也孕育了新的商业模式，这是欧盟竞争力提升的重要驱动力。欧盟委员会于 2012 年发布政策性文件《促进文化和创意产业作为欧盟增长和就业的推动力》，进一步要求欧盟成员国加大发展文化创意产业力度使之成为促进欧洲经济增长、提高欧洲就业的新动力。综合欧盟统计局（Eurostat）对文化就业和文化企业历年的统计数据可以发现，文化创意产业所贡献的经济增长与促进就业份额，远高于社会总体平均值。"创意欧洲"在政策设计的过程中高度重视对文化创意产业新技术和新商业模式的培育和发展。2015 年，欧盟委员会审议通过了建立统一数字市场（Digital Single Market）提案中提出的建议，消除了跨境获取文化内容的障碍，实现欧盟版权框架的现代化，并使其适应新的消费者行为，在整个欧盟范围内提供了更广泛的在线数字内容，并为文化创意产业提供了更公平和更可持续的市场环境。

"创意欧洲"是一个综合的政策平台，具体项目计划会根据实际情况进行调整。由此，既保证了欧盟文化政策的一致性，又保证了适时调整文化项目的灵活性。

"创意欧洲"2015～2018 年致力于整合并突出文化和创意产业对经济、社会和地区发展的重大贡献，及其对于在"欧洲 2020"战略框架下欧洲实现智慧的、可持续的、一体化发展的重要性。表4－1 呈现了 2015～2018 年"创意欧洲"项目行动重点。

表 4 – 1　2015～2018 年"创意欧洲"项目行动重点

行动重点	执行机构	相关议题
无障碍和包容的文化	各成员国	"文化意识与表达"核心能力的发展
	各成员国	通过数字媒体推动文化获取：扩展观众的政策和策略
	各成员国	促进文化对社会融合的贡献
文化遗产	各成员国	参与式文化遗产管理
	各成员国	技能培训和知识的转移：传统和新兴的与遗产相关的职业
	欧盟委员会	风险评估和预防，保护文化遗产免受自然灾害和人为威胁的影响
文化和创意产业：创意经济与创新	各成员国/欧盟委员会	获取融资
	各成员国/欧盟委员会	文化和创意产业中公共政策对于企业和创新潜力发展的作用
	各成员国	可持续的文化旅游

资料来源：保罗·劳塞利·科斯特尔、劳尔·阿韦莱、多·桑奇斯、李传：《欧洲的文化政策》，王莹译，《中国文化产业评论》2019 年第 1 期；钟晟：《欧盟"创意欧洲"文化政策及其意涵》，《中国文化产业评论》2019 年第 1 期；戴启秀、王志强：《欧盟文化和创意产业研究：基于欧盟文化战略的视角》，《德国研究》2016 年第 3 期。

3. 欧洲"一体化乡村旅游"发展

早在 2000 年，欧洲多国联合提出"支持和促进欧洲农村落后地区的一体化旅游"倡议，确立了"一体化乡村旅游"（Integrated Rural Tourism，IRT）发展框架，以推动落后乡村全面振兴。IRT 被界定为与所在地区经济、社会、文化、自然和人力资源联系在一起的旅游业，这是一种基于长远发展、兼顾旅游发展多重价值的方法。[①]

IRT 框架涉及内生性、互补性、规模、内嵌性、可持续性、网络、赋权 7 个维度。其中，"网络"被认为是 7 个维度的核心。所谓"网络"，即要求在社会、环境、经济和文化之间创造强有力的关系，这种关系既包括工作上的联合，也包括知识的共同生产、转移以及参与者间的相互合作。因此，各利益相关者间的沟通是必要的，网络合作、知识共享能带来信息流动，从而可更好地促进乡村的可持续发展。"规模"的概念也和网络有关，意味着网络节点的增删；"可持续性"则是网络构建的最终结果；"互补性"会使主客在更好的网络中都得到更好的体验。

表 4 – 2   IRT 框架涉及的 7 个维度

维度	定义
可持续性	旅游业不破坏甚至提升本地生态环境资源的程度
赋权	本地人通过所有权、法规、规划等来控制地方政策的程度
互补性	旅游业发展为村民提供便利与好处的程度
内生性	乡村旅游业发展基于本地资源的程度

---

① 李燕琴：《乡村振兴战略的推进路径、创新逻辑与实施要点——基于欧洲一体化乡村旅游框架的启示》，《云南民族大学学报》（哲学社会科学版）2019 年第 4 期。

续表

维度	定义
规模	随时间推移旅游业在一个区域内地理空间扩散的程度
内嵌性	被用于旅游业的资源与本地文化、传统、身份认同之间的关联程度
网络	本地与外来人员、企业共同管理并发展乡村旅游业的能力

　　资料来源：李燕琴：《乡村振兴战略的推进路径、创新逻辑与实施要点——基于欧洲一体化乡村旅游框架的启示》，《云南民族大学学报》（哲学社会科学版）2019年第4期。

　　IRT 的具体实施与西方的制度框架和文化逻辑相适应，突出体现为自下而上的发展逻辑、多利益相关者的均衡逻辑、基于网络的合作逻辑。

　　在管理层面，IRT 重视自下而上的发展逻辑，东道主社区的声音受到关注，这一点体现在赋权、内生性、内嵌性 3 个维度上，可持续性维度也与此相关。村民作为文化遗产和自然环境的直接管理者，其情绪变化对乡村旅游的良性发展至关重要。地方旅游发展不应是少部分人的决策，而应综合各方意见，因此要增强村民话语权意识，使其通过参与决策的方式争取利益，并起到监控发展速度的作用。受传统农业影响，村民多缺乏创新意识，为使其积极参与到旅游发展中来，IRT 重视通过专业培训与教育，提高村民对乡村旅游发展的认知。

　　在利益层面，IRT 重视东道主社区、游客、企业、机构、看门人、资源控制者等利益相关者诉求的均衡表达。第一，游客作为需求方，旅游产品设计与营销应充分考虑其动机与偏好。但游客需求与村民利益可能存在矛盾，如游客想扩建房屋以获得更舒适的环境，而村民则更希望村庄保持原样，这时如过分以游客需求为导向，就会使村庄失去原真性。因此，游客需求与村民诉求应同时被关注，综合考虑双方意见并平衡利益关系。第二，企业的主要诉求是经济收益，为了自身利益企业可能不顾社会责任，甚至破坏环境。鉴于此，政府需制定明确的规范并予以监管，引导企业树立良好的品牌形象，这将有利于带动当地就业，吸引人才回流，帮助当地村民致富增收。第三，机构包括政府和非政府机构，如村委会或合作社，作用表现为政策和规划、商业支持、监管、营销四个方面。营销可对外强化竞争优势，对于本地小企业尤为重要，但乡村企业多规模小且地域分散，常难以承受高昂的营销成本。有效解决方法是小企业组成合作网络，成立协会共同对外营销或影响政府决策。第四，资源控制者指具有人力、资金、信息和土地等关键性旅游资源的个人或组织。资源控制者如对投资回报缺乏信心，会反对将资源用于村庄旅游发展，因此公平合理的利益分配机制是促使资源控制者愿意投入资源的前提。第五，看门人指旅游协会、信息中心及媒体等，主要作用是市场营销，在信息传播中建立信任关系、促进合作，在村落外部纵向网络发展中不可或缺，对地方旅游产品"走出去"起到关键作用。

欧洲案例表明，IRT框架在实践中对地方经济利益、游客体验、生态保护、地方发展、利益相关者协同等均有正向促进作用。

（二）京津冀旅游产业协同发展的经验借鉴

京津冀协同发展的整体定位是"以首都为核心的世界级城市群、区域整体协同发展改革引领区、全国创新驱动经济增长新引擎、生态修复环境改善示范区"。其中，旅游业以"资源消耗低，带动系数大，就业机会多，综合效益好"的重要优势，被越来越多的专家学者定性为京津冀协同发展中的先行者。

就文化与旅游产业的协同发展而言，京、津、冀三地成立了京津冀文化和旅游协同发展领导小组，并签署了《京津冀文化和旅游协同发展战略合作框架协议》。该协议明确了京、津、冀三地加快推进文化和旅游产业发展的一些关键举措，主要包括以下几方面。① 一是拓展京津冀文化和旅游投融资渠道，联合开展文化和旅游项目招商引资活动，促进三地共享公共文化资源与发展成果。二是加强京津冀文化和旅游市场建设，完善文化和旅游政务官网，实现文化和旅游信息互通，整合文化和旅游资源，联合开发跨区域的文化和旅游产品，打造特色景区、酒店、节事活动等品牌。三是着力建设京津冀文化和旅游服务新网络。完善京津冀文化和旅游交通服务体系，打造京津冀文化和旅游专列运行体系；配合交通部门优化游客"零距离"换乘体验，支持重点景区附近高速公路服务区提升改造，增加文化和旅游咨询服务、休闲绿地、特色产品购物区等功能。四是完善京津冀文化和旅游行业管理体系。探索京津冀旅游标准互用互认，建立健全京津冀旅游诚信体系，打造京津冀统一奖惩机制，促进旅行社行业依法诚信经营水平提升。五是完善京津冀文化和旅游联合执法机制。三地协调指导跨区域文化市场综合执法。六是加强京津冀文化和旅游人才队伍建设。统筹京津冀文化和旅游专家资源，对京津冀文化和旅游协同发展的重大问题进行讨论，对涉及京津冀文化和旅游协同发展的专项问题进行研究。

综合来看，京津冀旅游业协同发展规划体现出四个"一体化"

① http：//www.gov.cn/xinwen/2019-07/15/content_5409226.htm。

特色，即组织一体化、市场一体化、管理一体化、协调一体化。同时，应当看到，京、津、冀三地文化与旅游产业的协同发展，突出了以下几个基本方针：一是文化与旅游资源的统筹规划与发展，二是文化与旅游产品的协调开发，三是文化与旅游基础设施的互联互通；四是管理与服务的相互协调；五是人才队伍建设的协调。这样的顶层设计，值得闽西南在旅游产业协同发展中借鉴。

（三）粤港澳大湾区旅游业协同发展的经验借鉴

建设粤港澳大湾区，既是新时代推动形成全面开放新格局的新尝试，也是推动"一国两制"事业发展的新实践。目前，粤港澳大湾区的发展还处于起步阶段，但其发展规划中所体现出来的一些发展思路与政策框架，闽西南地区协同发展亦可作为重要的经验借鉴。

粤港澳大湾区的协同发展，强调错位协调发展，实现共赢共享，其中，文化事业发展在其战略定位中占据重要位置。在《粤港澳大湾区发展规划纲要》对相关城市的功能定位中，深圳要建设成具有世界影响力的创新创意之都，澳门则要建设成世界旅游休闲中心，并打造以中华文化为主流、多元文化共存的交流合作基地。[①] 同时，粤港澳大湾区要成为"一带一路"建设的重要支撑，要建设具有重要影响力的国际文化交往中心，要建设成宜居、宜业、宜游的优质生活圈，加强多元文化交流整合，建设生态安全、环境优美、社会安定、文化繁荣的美丽湾区。

粤港澳大湾区致力于打造成世界级旅游休闲湾区。大湾区城市群旅游资源丰富，且各具特色、互补性强。例如，三地决定联

① http://www.xinhuanet.com/politics/2019-02/18/c_1124131474.htm。

合打造"旅游一体化"品牌，建立"一程多站"旅游精品线路。粤港澳大湾区共同推出的 10 条各具特色的精品旅游线路，涵盖人文历史游、世界遗产游、游学交流游、海丝探秘游、科技创新游、游艇自由行、美丽乡村游、健康养生游、休闲美食游、寻根问祖游等。

粤港澳大湾区发展规划强调，要推动中外文化交流互鉴。具体目标包括：要发挥大湾区中西文化长期交汇共存等综合优势，促进中华文化与其他文化的交流合作，创新人文交流方式，丰富文化交流内容，提高文化交流水平。支持澳门发挥东西方多元文化长期交融共存的特色，加快发展文化产业和文化旅游，建设中国与葡语国家文化交流中心。鼓励香港发挥中西方文化交流平台作用，弘扬中华优秀传统文化。

同时，要发挥澳门旅游教育培训和旅游发展经验优势，建设粤港澳大湾区旅游教育培训基地，并在此框架下开展青少年研学旅游合作，共建一批研学旅游示范基地。另外，粤港澳还充分利用自身的海洋资源，发展滨海旅游和海上旅游。

粤港澳大湾区发展提出要"构筑休闲湾区"。在此框架下，推进大湾区旅游发展，依托大湾区特色优势及香港国际航运中心的地位，构建文化历史、休闲度假、养生保健、邮轮游艇等多元旅游产品体系，丰富粤港澳旅游精品路线，开发高铁"一程多站"旅游产品，建设粤港澳大湾区世界级旅游目的地。具体政策举措包括以下几方面。①优化珠三角地区"144 小时过境免签"政策，便利外国游客在大湾区旅游观光。②支持香港成为国际城市旅游枢纽及"一程多站"示范核心区，建设多元旅游平台。③支持澳门建设世界旅游休闲中心，在澳门成立大湾区城市旅游合作联盟，推进粤港澳共享区域旅游资源，构建大湾区旅游品牌，研发具有创意的旅游产品，共同拓展旅游客源市场，推动旅游休闲提质升级。④有序推动香港、广州、深圳国际邮轮港建设，进一步增加国际班轮航线，探索研究简化邮轮、游艇及旅客出入境手续。逐步简化和放宽内地邮轮旅客的证件安排和限制，研究探索内地邮轮旅客以过境方式赴港参与全部邮轮航程。⑤推动粤港澳游艇自由行有效实施，加快完善软硬件设施，共同开发高端旅游项目。探索在合适区域建设国际游艇旅游自由港。支持澳门与邻近城市探索发展国际游艇旅游，合作开发跨境旅游产品，发展面向国际的邮轮市场。⑥支持珠三角城市建设国家全域旅游示范区。促进滨海旅游业高品质发展，加快"海洋—海岛—海岸"旅游立体开发，完善滨海旅游基础设施与公共服务体系。⑦探索以旅游等服务业为主体功能的无居民海岛整岛开发方式。建设贯通潮州到湛江并连接港澳的滨海景观公路，推动形成连通港澳的滨海旅游发展轴线，建设一批滨海特色风情小镇。⑧探索开通澳门与邻近城市、岛屿的旅游路线，探索开通香港—深圳—惠州—汕尾海上旅游航线。

在发展粤港澳大湾区全域旅游的框架下，广东省制定了《广东省促进全域旅游发展实施方案》，提出构建"一核、一带、一区、一湾"的全域旅游大格局。深圳与广州成为"一核"之"核"，推进珠三角地区旅游产业一体化，打造珠三角都市旅游核。"一带"指滨海旅游产业带。"一区"指北部生态旅游区。"一湾"指粤港澳世界级旅游休闲湾区。广东省的旅游发展规划很清晰地明确了自己在奥港澳大湾区发展中的定位，并充分地甄别了自己的优势，也清楚地规划了自己参与其中的策略与路线。

四　推进闽西南文化旅游业协同发展的对策建议

闽西南地区拥有非常丰富的文化资源，是发展旅游业与文化创意产业的重要基础。其中，被列入世界文化遗产名录的有福建土楼（2008 年）、厦门鼓浪屿（2017 年）；被列入世界自然遗产名录的有中国"丹霞"（2010 年），有一部分位于三明市泰宁县境内；被列入世界非物质文化遗产代表名录的有福建南音（2009 年）、闽南民居营造技艺（2010 年，包括在中国传统木结构营造技艺中）；作为闽西南地区华侨文化重要组成部分的"侨批档案"也被列入世界记忆名录（2013 年）。另外，水密隔舱福船制造技艺（2010 年）被列入联合国急需保护的非物质文化遗产名录，福建木偶戏人才培养计划入选联合国教科文组织"保护非物质文化遗产优秀实践名册"（2012 年）。一个区域有这么多的世界级文化（自然）遗产，在全国范围内是比较少见的。

闽西南地区还有大量的国家级和福建省级文化遗产与非物质文化遗产，其中非物质文化遗产尤为丰富，涉及民俗、民间文学、民间美术、民间音乐、民间舞蹈、传统戏剧、杂技与竞技、传统手工技艺、传统医药等众多领域。这些文化资源分散在闽西南地区各地，存在一定的关联性，是增强区域认同，发展文化旅游，为经济发展提供人文动力的重要资源。如何充分利用好这些文化资源是闽西南协同发展中旅游业与文化创意产业发展的关键。着眼于闽西南文化旅游业协同发展的深入推进与可持续，我们提出如下建议。

（一）以闽南文化生态保护实验区建设带动文化遗产保护的协同发展

以泉州、漳州、厦门作为核心腹地的闽南文化生态保护实验区是全国第一个文化生态保护实验区。闽南文化既具有中华传统文化的典型特征，又包含着崇儒拜祖、家族经济、乡土情怀、习俗传承、自强不息等传统文化的重要元素，还具有延展性、进取性和开放性。加强该文化生态保护实验区的建设，有助于以闽南文化为载体增强区域文化认同。

文化生态保护实验区的建设，有益于修复非物质文化遗产和与之相关的物质文化遗产的互相依存关系，使之与人们的生活生产紧密相关，并与自然环境、经济环境、社会环境和谐共处。文化遗产保护的协同发展有助于增强闽西南区域协同发展的认同感与凝聚力，为产业发展、社会治理等提供民意支持。同时，非物质文化遗产范畴内的传统手工技艺的生产性保护，还能带动手工业等相关产业发展，促进就业，有利于乡村振兴。

厦门在文化遗产保护与开发利用中，积累了先进的经验，可以发挥带头作用，并将与此项工作相关的机构等集中在厦门，以厦门为枢纽，对外辐射组织安排活动，带动其他各市参与其中。就其具体措施而言：第一，建立闽西南文化遗产保护联合会，统一协调文化遗产的发掘与整理，以及研究、保护与开发等，尤其要注意强化闽西南地区不同地方文化之间的多样性并存与关联性协调；第二，统筹闽西南五市文化遗产保护的财政投入，共同落实文化遗产保护工程，统筹各层级非物质文化遗产传承人的保护与培育。

（二）打造精品文化旅游品牌

1. 规划闽西南文化与自然遗产精品旅游路线

以闽西南地区所拥有的世界自然与文化遗产为依托，充分整合该地区的全国重点文物保护单位、福建省级重点文物保护单位、中国历史文化名镇名村、中国历史文化名城，以及生态文明建设成就等资源，打造精品旅游路线。如"闽西南世界自然与文化遗产之旅""闽西南全国重点文物之旅""闽西南国家级历史文化名镇名村之旅""闽西南生态之旅"等。

同时，在此框架下面向台胞和海外华侨后代组织"闽西南寻根问祖之旅"，并打造特色景区、特色酒店等旅游品牌，借以加强旅游产业发展的基础设施建设。

2. 重点打造闽西南非物质文化遗产精品旅游路线

闽西南地区拥有不少世界级非物质文化遗产，以及大量国家级和福建省级非物质文化遗产，它们应当成为该地区旅游业协同发展中重点考虑开发利用的文化资源。非物质文化遗产既包括形式各样的社会风俗、节庆礼仪、地方传说，也包括众多的传播手工技艺、表演艺术等，与不同地方的历史、传统、人文景观等密切关联，打造以非物质文化遗产为载体和参与或体验对象的精品旅游路线，不仅有很强的吸引力，而且能带动非物质文化遗产的生产性传承，带动地方经济的发展。

鉴于非物质文化遗产数量众多且内容丰富，可考虑从两个角度来规划和打造旅游路线精品品牌。一是按照非物质文化遗产被列入相应名录的级别打造。比如，"闽西南地区世界非物质文化遗产之旅""闽西南地区国家级非物质文化遗产之旅""闽西南地区福建省级非物质文化遗产之旅"等，这些旅游路线既可以面向全国各地游客，还可以面向台湾游客、东南亚及世界各地的华人华侨，以及世界各地的其他游客，它们代表着灿烂的中华文明，更是闽西南地区人文特色的典型代表，是推进该地区进一步向世界开放的重要窗口。同时，还可以以五市各自不同的市级非物质文化遗产为依托，带动闽西南地区游客开展地区游，活跃地区旅游市场。二是依照非物质文化遗产的不同范畴打造。比如"闽西南民俗之旅"、"闽西南民间艺术之旅"（音乐、舞蹈、美术、戏剧、杂技等）、"闽西南传统手工技艺之旅"、"闽西南传统医药与养生之旅"、"闽西南红色之旅"等。这样的旅游路线可以更好地整合和带动闽西南五市非物质文化遗产资源的协同开发，以主题游的方式有针对性地吸引不同的游客。

上述精品旅游路线的设计，可考虑各地交通与接待能力等，尽可能多地将重要文化资源纳入，然后再根据旅客组团的具体情况，适当拣选精减，以保证所有重要文化资源都被纳入。

鉴于厦门便捷、快速的交通，所有旅游品牌路线的设计，均可考虑以厦门为起点和终点，并把旅游路线中间的歇脚点因地制宜地安排在其他四市的酒店，由此带动厦门的游客出入境数量增长，增加游客过夜数量。

在闽西南五市中，厦门的国际化程度最高，在通过非物质文化遗产吸引国际游客方面，理应担当领头羊的重任，有效地协调统筹这些资源，以合理、合宜的方式打包，纳入旅游产业的协同发展中，并推向对台工作、"一带一路"人文交流与城市国际化建设中。应充分利用厦门城市国际化在对外交往中的优势，让厦门成为闽西南吸引国际游客的桥头堡，让更多的国际游客从厦门起步，逐步走进闽西南。

同时，开发建设"闽西南旅游"集成电子平台。例如，充分利用微信、微博等新媒体平台，就闽西南地区丰富的文化旅游资源进行推广。不仅可以呈现和介绍"文化闽西南"，而且可以实现精品旅游路线查询、旅游产品预订与结算等功能。

（三）建设厦门"博物馆之城"带动文化资源整合

厦门拥有丰富的博物馆资源，建议在其城市国际化建设中，将自身建设成一座活态的"博物馆之城"，在深入推进改革开放、创新发展的同时，带动闽西南地区的文化资源整合，并以此为平台推进国际化和对外开放。厦门"博物馆之城"建设可以包括很多主题博物馆项目。厦门应当以闽南文化生态保护实验区为基础，充分展示闽南文化生态，集中展示传统遗产与当代发展，推动地方社会和谐发展。在闽南文化生态保护实验区建设中，要积极推动闽南文化生态保护实验区内的诸多传统文化元素，尤其是众多非物质文化遗产融入当代居民的日常生活，使之源源不断地为民众的生活实践提供文化情感动力，增强他们对地方社会的认同，促进闽西南协同发展。厦门"博物馆之城"建设，还可与厦门文博会展产业、文化创意产业与文化旅游产业的发展有机结合，形成相互映照、相互促进的良性互动态势，并尽最大可能将闽西南地区的文化资源融进来。

（四）借旅游文化产业园与"旅博会"带动旅游产业协同发展

作为全国首个以旅游为主导的产业园，厦门旅游文化产业园已经初具规模。可将闽西南旅游业协同发展中的产品研发、加工等统筹纳入该产业园，并与五市人文资源密切配合，带动文化创意产业的发展。同时，在厦门"旅博会"框架下，加强闽西南地区旅游资源及其产品的推广。

厦门旅游文化产业园可统筹以下产业发展：闽西南旅游纪念品的研发与加工，小型旅游设备研发与加工，旅游从业人员培训，旅游业国际交流。

（五）以文化创意产业带动文化旅游产业协同发展

厦门在文化创意产业内已经积累了很多经验。在闽西南区域协同发展中，厦门可充分利用自身在此领域内的产业优势，充分拉动其他四市文化创意产业的发展，并将之带入厦门正在持续推进的"一带一路"之"海上丝绸之路"建设、"后金砖"时代城市国际化建设等计划之中。

文化创意产业的协同发展，基本思路应当定位于吸纳和融入。对于厦门而言，积极吸纳其他各市的文化资源，将之纳入厦门文化创意产业发展的总体框架下；对于其他各市而言，充分动员自身的文化资源，积极融入厦门文化创意产业发展体系，实现错位发展，合作共赢。

具体政策动议：首先，在厦门文博会中专门开辟"闽西南空间"，集中展示该区域文化资源与文化产业发展成果；其次，发掘闽西南文化资源，在此基础上研发工艺品与日常生活用品，尤其是面向海外的产品，带动文化产业出口；再次，设立"闽西南文化创意产业基金"，鼓励创新研究与产品开发，扶持中小型创新企业，并带动就业；复次，举办"闽西南地区文化创意创业大赛"，激发民间社会的积极性，借以发现和培养创新人才，培育新的产业业态；最后，鼓励非物质文化遗产保护实践与动漫产业、数字文化与新媒体、演艺娱乐、影视等相结合，推出致力于提升区域文化认同的文化产品或公益宣传产品。

同时，注意借文化创意产业的发展，将闽西南的协同发展作为吸引台湾青年人才的桥头堡，通过厦门让他们进入祖国大陆。

（六）建立基础设施项目"1%文化预算"机制

建议在闽西南协同发展的每一个重大基础设施项目建设中，预留"1%文化预算"，用于建设具有文化象征意义的建筑物、雕塑、纪念碑等，用以记录闽西南协同发展的历程，还可以作为新的城市景观，成为新的旅游资源。从长远来看，这一举措有益于在社会集体记忆中留下有关闽西南协同发展的印迹，有助于增强区域文化认同与凝聚力。几十年来，法国就一直践行此做法，为其社会文化建设营造了重要的人文与文化氛围。

第五章　闽西南金融业协同发展

赵　晨[*]

党的十八届五中全会中战略性地提出"创新、协调、绿色、开放、共享"五大发展理念，其中的"协调"发展理念是理顺发展中各种重要关系的根本遵循。闽西南地区的金融业协同发展意味着五地市需在正视各自差异的基础上，发挥各自比较优势，合理分工，相互合作，使个体与整体在金融运行效率和金融功能两方面得到全面提升，在速度、规模、效率、结构等诸方面全面优化，缩小区域内部金融发展水平差距，达到相对均衡的发展状态，最终实现要素流动有序、收益分配合理，形成较高程度金融一体化、高质量发展的闽西南城市群。

金融目前已成为福建省新兴主导产业和新支柱产业，其税收收入已超过全省财政总收入的 10%，[①] 但其增加值占全省地区生产总值的比重仍低于 7%（2017 年），而且全省和闽西南地区的金融业分布和发展呈不均衡状态，比如厦门的金融业增加值就已达到地区

---

* 　赵晨，中国社会科学院欧洲研究所研究员、国际关系室主任。

① 　王永珍、戴艳梅：《福建发展擎起金融新支柱》，《福建日报》2018 年 1 月 24 日。

生产总值的 10.9%（2018 年）。[①] 闽西南实现区域金融协同发展既需要因地制宜、因势利导，结合实际吸引市场主体积极参与，又需要参考世界先进国家和地区（如欧洲），以及国内长三角、京津冀和大湾区等协同发展重点突破地区的经验和教训，制定相应的规划和路线图，发挥社会主义制度的优越性，科学决策，以政府引导、市场主导、社会支持的综合路径，拓宽企业的融资渠道、提高区域经济金融运行效率、促进整个地区的经济增长。

一　闽西南金融业协同发展现状

我国金融业实行分业经营、分业监管体制，银行、证券和保险的经营和监管实际上是按行政区域划分的，这实际上造成了一定的"银政壁垒"（即由行政区划、金融监管和金融机构内部垂直管理造成的金融业条块分割状况）。在行政区划相互独立的情况下，金融监管部门会以本地政府的行政诉求为先，优先考虑本地政府的利益；而地方政府为了发展本地经济，也常常对商业银行的活动和金融监管进行干预，限制本地资金的流出。此类做法会限制资金的跨区域流动，并不利于金融一体化；同时，各地市的金融机构相互之间是竞争关系，往往受制于属地管理，易受保护主义思维影响。这些都是包括闽西南在内的地区金融业协同发展必然面临的体制性困难和实质性问题。

此种结构性状态下，闽西南五市党政领导大胆进行体制机制创

---

① 张彦宇：《优化金融生态环境，激发实体经济新活力——专访厦门市金融办主任张全军》，《厦门日报》2019 年 2 月 1 日。

新，统筹区域全局，架设集中决策新平台：在五市联席会议制度的整体框架下，五地市于2018年10月签署五地市金融合作框架协议，专设金融合作办公室，办公室设在厦门市发改委行业处，负责协调闽西南金融协同发展各项事宜，执行和监督联席会议所达成的成果。厦门、漳州、泉州、三明和龙岩的金融局（办）将闽西南协同发展区金融部门协作联席会议制度常态化，除了进行经验交流、互通信息之外，开始共同研讨和解决跨区域重点信贷风险企业的管控问题，探索建立信贷风险的联合防控协调机制等举措。

《闽西南协同发展区发展规划》明确提出要"提高区域金融市场一体化程度"，具体包括建设金融中心、信息共享和防范风险三项目标，它们分别是"推动形成区域性金融中心，促进闽西南金融资源要素聚集并自由配置"，"推动建立行政区划间协同发展担保、抵质押等登记制度，降低金融交易成本"，"依法加强金融监管和协同配合，规范互联网金融、交易场所发展，共同打击非法集资等非法金融活动，有效防范和化解区域金融风险"。[①]

为推动形成闽西南区域性金融中心，厦门等五地市结合行业特点和实际情况，有选择性地进行重点突破。

（一）推动商业银行横向协作网络建设

闽西南地区一些地市，比如厦门、泉州和漳州，已是全国商业银行密集度很高的城市。传统的商业银行对本地区的企业信息管理与合规保障优势显现，但一旦涉及跨省市经营和监管则处处受限。

---

① 闽东北闽西南两个协同发展区建设领导小组办公室：《闽西南协同发展区发展规划》，2019年5月24日。

基于管理权限，闽西南协同发展在商业银行领域主要落在信息共享、协同担保等金融业基础设施建设领域，并引导和推动各银行针对跨地市企业的具体经营困难设立共同纾困机制，以推动横向协作网络建设。我们看到厦门和泉州已有一些共同纾困的企业银行贷款个案。

（二）服务产业协同发展目标，由政府引导设立闽西南发展投资基金

闽西南发展投资基金总规模为 100 亿元，首期规模 50 亿元，主要用于投资闽西南五市产业项目和基础设施建设项目。此基金采取 PPP 模式，政府和社会合理分担风险，其中闽西南五市财政合计配套出资 30%，面向社会公开征选在基础设施建设投资、产业投资等方面具有一定投资管理能力的管理机构作为本基金的基金管理人，带动多元投资主体，支持重大基础设施和重点产业项目等建设。该基金的申报工作已于 2019 年 8 月 31 日结束。此外，闽西南协同发展还计划加快组建城市开发集团，以吸收社会资本，共同投资经营性基础设施和商贸综合开发体。

（三）加强证券市场的协同发展

相对于银行业，证券业的地域属性较弱，是闽西南五市协同发展的突破口。厦门市已拟于设在厦门的两岸股权交易中心开设"区域性股权市场"板块，为闽西南地区的中小企业提供多元化融资服务；同时拟在两岸股权交易中心设立多个"闽西南中小企业发展交易板块"，为泉州石材、漳州花卉、厦门科技创新等特色和拳头行业企业增加上市和交易机会，比如厦门市科技局已计划与厦

门两岸股权交易中心联合设立"闽西南科技专板",闽西南的科技型企业可在两岸股权交易中心免费挂牌,还可在融资、管理、咨询、股权改制等方面接受专业系统的指导,并享受厦门市提供的各项优惠政策;此外,还拟在厦门两岸股权交易中心设立区域性股权交易市场——闽西南新四板交易中心,服务于整个闽西南地区的小微企业。

随着资金流通更加自由,管控和防范金融风险任务变得更重,这也是闽西南金融业协同发展的重点内容。闽南地区民间借贷发达,以亲情、友情等血缘和地缘关系为根基,以家族等小型社会单元为共同体的融资行为当然有其历史和文化传统根基,也是借贷交易中较为方便易行的形式,丰富的民间资本也是包括闽西南地区在内的整个福建省金融业发展的特色,但毕竟民间借贷的风险远远高于受法律保障的正规融资。此外,在影子银行和互联网金融大发展的背景下,为获得更多业务和利润,部分企业的风控能力和监管意识大幅减弱,从而导致供应链各环节的操作性风险频现。闽西南五市金融行业监管的协调工作显得更加必要,为此,《闽西南协同发展区规划》已提出"依法加强金融监管和协同配合,规范互联网金融、交易场所发展,共同打击非法集资等非法金融活动,有效防范和化解区域金融风险"的目标和方案。

此外,闽西南地区还存在金融业发展不均衡的问题。作为闽西南地区的龙头城市,厦门坚持金融强市战略,正在加快构建多元化现代金融体系的进程。厦门市委书记胡昌升 2019 年 9 月 27 日在厦门市金融产业促进大会上称,厦门出台了《关于大力建设金融强市打造金融科技之城的意见》,将持续提升金融业发展规模、质量和辐射带动力,致力于把厦门建成服务两岸、辐射东南亚、连接

"海丝"、面向全球的区域性金融中心；力争到 2025 年，全市金融服务业营业收入超过 3000 亿元，金融增加值超过 1000 亿元；金融机构本外币存贷款余额均超过 2 万亿元；境内外上市公司超过 110 家；保险深度 6%，保险密度超过 8000 元；[①] 厦门还提出将全力打造金融对外开放先行区、产融结合发展示范区、金融科技发展高地、财富管理创新高地等 "两区两高地" 的发展定位。但如何与周边四地市统筹，实现金融业协同发展，还需借鉴国内外金融协同发展的经验。

二　国内外金融业协同发展经验

金融业协同发展是经济发达地区进一步一体化的必要路径，国内长三角、大湾区（以及之前的珠三角）、京津冀以及欧洲地区皆因地制宜地实施策略，它们的经验对于闽西南地区具有重要的借鉴价值。

（一）长三角注重供应链解决方案和国际化的金融业协同发展经验

长江三角洲城市群（以下简称长三角城市群）在上海市、江苏省、浙江省、安徽省范围内，由以上海为核心、联系紧密的多个城市组成。根据 2018 年制定的《长三角地区一体化发展三年行动计划（2018 - 2020 年）》，长三角地区要以建设世界级产业集群为目标，优化重点产业布局，推动产业链深度融合，到 2020 年将长

---

① 《厦门市金融产业促进大会召开》，澎湃新闻，2019 年 10 月 8 日。

三角地区建成全球资源配置的亚太门户，成为具有全球竞争力的世界级城市群。①

作为区域经济一体化的成功典范，长三角地区的金融合作机制已初步建成。2007 年长三角三地政府即已签署《推进长江三角洲地区金融协调发展支持区域经济一体化框架协议》，其中提到要以"协调推进""共同参与""优势互补""互利共赢"等为长三角地区金融一体化发展的基本原则，此后相继建立了金融协调发展工作联席会议制度，定期召开政府、金融机构、专家学者论坛，并且签署了务实的《长三角商业银行战略合作备忘录》《金融服务一体化发展合作备忘》等合作文件，将政府层面的金融合作落实到经济具体领域，对推动长三角地区经济一体化起到了重要作用。

长三角地区的制造业具有规模效应，且拥有包括上下游产业在内的全产业链，所以其金融业协同发展的核心是克服产业分布的地理界限障碍，采取创新手段为产业链提供有效服务。长三角城市群注重以产业转型升级需求为导向的产业集群发展和产业链关键环节创新，通过改造提升传统产业，大力发展金融等现代服务业，加强科技创新、组织创新和商业模式创新，来提升主导产业核心竞争力。具体到现代金融业，长三角重点加快业态、产品和模式创新，积极拓展航运金融、消费金融、低碳金融、科技金融、融资租赁等领域，推动互联网金融等新业态发展。

此外，以上海为龙头的长三角地区的国际化水平在国内处于领先地位，其金融业协同发展中的国际化倾向也很明显，其中主要是在城市群范围积极推广上海等地开展的自贸试验区金融改革可复制

---

① 《长三角地区一体化发展三年行动计划（2018－2020 年）》，2018 年 6 月 1 日。

的试点经验。长三角城市群注重发挥长三角金融协调发展工作联席会议等平台的作用，加快推进金融信息、支付清算、票据流通、信用体系、外汇管理一体化，提升金融服务实体经济的能力。强化金融监管合作和风险联防联控，合力打击区域内非法集资，建立金融风险联合处置机制。做实"信用长三角"合作机制，推动征信体系互联互通。健全企业境外投资服务保障体系。注重健全企业"走出去"政策咨询、风险评估、信息和融资服务等中介服务体系，建立企业境外投资"一站式"综合服务平台。建立健全境外投资风险防范机制，鼓励对外投资企业在境内投保出口信用保险、劳务保险等避险工具。健全境外融资担保机制与外汇管理制度，拓宽企业融资渠道。完善境外法律支援体系，健全知识产权境外维权和应对机制。简化境外设立企业和投资项目核准手续，简化境外投资企业人员出国（境）审批手续，并将上海金融市场交易系统功能拓展至共建"一带一路"国家（地区），推动人民币跨境结算，促进相关交易以人民币计价。

长三角地区也组建了长三角城市群一体化发展投资基金。该基金是在相关城市自愿协商的基础上，采用直接投资与参股设立子基金相结合的运作模式，鼓励社会资本参与基金设立和运营，重点投向跨区域重大基础设施互联互通、生态环境联防共治、创新体系共建、公共服务和信息系统共享、园区合作等领域。

（二）粤港澳大湾区注重科技创新的金融业协同发展经验

粤港澳大湾区拥有香港、深圳、广州等多个金融中心，这三地金融业产值都已超过或接近 GDP 的 10%。粤港澳大湾区和我国其他地区有所不同，在法律制度和货币、利率以及汇率机制方面有很大差异，是在一个国家、两种制度、三个关税区、三种货币的条件下建设的，国际上没有先例。这种条件下的金融业协同发展具有很大的难度，必然采取独特的策略和手段克服种种体制机制障碍，打造独具特色的金融服务。

2019 年 2 月 18 日，中共中央、国务院印发《粤港澳大湾区发展规划纲要》，其中也对粤港澳三地金融业改革开放、创新发展等做出相应规划，如在第六章"构建具有国际竞争力的现代产业体系"的第三节"加快发展现代服务业"中，明确提出"建设国际金融枢纽""大力发展特色金融产业""有序推进金融市场互联互通"等目标任务。

首先是将大湾区建成新的国际金融枢纽。其中，香港的国际金融中心地位会得到进一步巩固和提升，香港将更好发挥在金融领域的引领带动作用，成为服务"一带一路"建设的投融资平台；广州将完善现代金融服务体系，建成区域性私募股权交易市场和产权、大宗商品区域交易中心，提升国际化水平；深圳将依规发展以深圳证券交易所为核心的更强大的资本市场，加快推进金融开放创新；澳门将打造成中国—葡语国家金融服务平台，建立出口信用保险制度，建设成葡语国家人民币清算中心，发挥中葡基金总部落户澳门的优势，承接中国与葡语国家金融合作服务。

其次是大力发展大湾区特色金融产业。其中，香港将打造成大湾区绿色金融中心，建设国际认可的绿色债券认证机构；广州将加快建设绿色金融改革创新试验区，研究设立以碳排放为首个品种的创新型期货交易所；澳门将发展租赁等特色金融业务，探索与邻近地区错位发展，研究在澳门建立以人民币计价结算的证券市场、绿色金融平台、中葡金融服务平台；深圳将建设保险创新发展试验区，推进深港金融市场互联互通和深澳特色金融合作，开展科技金融试点，加强金融科技载体建设。

最后是有序推进大湾区金融市场互联互通。这包括大湾区内人民币跨境使用规模和范围将逐步扩大，大湾区内的银行机构可按照相关规定开展跨境人民币拆借、人民币即远期外汇交易业务以及与人民币相关的衍生品业务、理财产品交叉代理销售业务，大湾区内的企业可按规定跨境发行人民币债券。香港与内地居民和机构进行跨境投资的空间（含金融产品与投资渠道等）将稳步扩大，在依法合规前提下有序推动大湾区内基金、保险等金融产品跨境交易，建立资金和产品互通机制。目前现有的以深圳前海为代表的深港金融合作，就已深化了券商跨境资产管理业务的发展。前海地区企业双向跨境贷款、扩大香港并购资金及过桥贷款的运用等，已成为券商新增的重要国际资产管理业务。

发挥粤港澳各自优势，共同提升大湾区金融科技水平是未来这一地区金融协作的重点突破口。以华为为代表的硬件 IT 厂商和以腾讯为代表的互联网巨头集聚深圳，金融科技主导的金融业很可能首先在广东、香港和澳门产生。广东、香港、澳门的金融技术，如数字货币、监管技术、量化投资平台、网络安全、区块链和人工智能等在全国处于领先地位。未来，中国的数字货币运营商也有可能在深圳落户。基于自身的产业结构和技术优势，粤港澳可以积极利用深圳领先的金融科技公司和香港在金融体系、国际化和创新人才方面的优势，专注于金融技术创新，将大湾区打造成金融技术创新中心群，并以此为契机打造世界级的跨境一体化金融新平台。

香港的金融环境自由，拥有众多优质的金融产品，但缺乏稳定高效的 IT 系统以及海量的客户资源及流量入口。以大湾区为依托，建立金融信息平台，三地监管机构可以进行监管信息沟通与交流，发布最新的监管条例和法规。通过金融信息平台共享三地金融数据，可以帮助金融机构实现大数据分析。通过人工智能技术对收集来的数据进行分析，还可协助金融机构防范风险、消除信息不对称。

（三）京津冀注重便民服务的金融一体化经验

京津冀一体化也是我国地区协同发展的重点，金融业协同发展同样是其重要组成部分。2014 年 4 月 30 日，中共中央政治局审议通过了《京津冀协同发展规划纲要》，纲要中明确提出，在金融服务方面，需要强化北京的管理功能、天津的创新功能以及河北的服务功能。

京津冀地区经济发展水平差异较大，金融业资源分布不均，北京和天津两个直辖市的金融业密集度和服务水平远高于河北。2018年北京、天津的城镇居民人均可支配收入较全国平均水平分别高出28739 元、3725 元；河北低于全国平均水平 6254 元，这种发展落差使人口、资源等要素加快向京津流动。具有"嫌贫爱富"特性的金融服务业有天然的向富裕程度更高地区聚集的趋势，要想扭转这种趋势，促使实现区域均衡协同发展，需要发挥社会主义制度优越性。运用"看得见的手"，在党的领导下，政府和监管部门加强引导，大中型银行发挥带头作用，建立金融合作机制，建立跨行政区域的政府协调部门，树立"一荣俱荣、一损俱损"的理念，并且设立专门的组织机构，切实解决金融合作中的瓶颈问题，解决京津冀三地目前存在的"诸侯经济"带来的弊端。

京津冀辖内多家银行在总行层面成立"京津冀一体化领导小

组"，在分行层面成立工作小组，通过定期召开联席会议、共同建立项目储备库、开展联合授信等方式构建三地联动机制。例如，交通银行京、津、冀三地分行按季召开行长办公会，按月召开牵头部门碰头会，及时跟进重要客户、重大项目进展情况。中国建设银行北京市分行与河北省分行联合组建系统内银团，共同为京张高铁、京沈京冀铁路客运专线等交通一体化项目授信195亿元。中国银行北京市分行与天津市分行、河北省分行建立联动工作机制，指定8家郊区支行对接天津，以及河北的保定、廊坊、石家庄等地区，并成立由支行一把手牵头的联动营销小组，跟踪项目开展营销，推动项目落地；京、冀两地分行还建立了人员交流机制，河北省分行公司金融部派人员至北京市分行挂职，协调并推动京津冀业务在北京地区的顺利开展。

京津冀地区金融业协同发展五年来，在与人民利益息息相关的具体事务上着力甚多，取得良好成效。例如，在优化区域信用环境方面，人民银行营业管理部在河北环京6县市增配自助征信查询机；在提升支付便利化水平方面，截至2018年末，北京一卡通累计发行互联互通卡121.3万张，区域内异地消费445.2万笔，京津冀13个城市发行的互联互通卡已经可以在京使用；在促进金融交易同城化方面，北京农商银行与天津农商银行、河北省农信社以及农信银资金清算中心联合推出京津冀农银通卡，实现三地个人客户资金跨区域无成本流通，2018年末累计发放134.3万张。

京津冀辖区内还加强横向联动，打通区域壁垒，辖内多家机构在银行卡、支付结算、理财产品等领域主动加强三地合作，打通区域金融壁垒，提升跨区域金融服务质效。例如，华夏银行北京分行率先推出"京津冀协同卡"，持卡客户可享受京津冀三地同城待遇；北京农商银行积极发挥农信银平台优势，为京津冀三地成员单位客户提供异地资金归集服务，并与津冀农合机构在电子银行、理财产品等方面实现对接。目前，该行已在河北 5 家区县联社的 50 家营业网点试点开展代理理财业务。

此外，京津冀辖内多家机构通过加强产品创新、申请专项信贷额度、扩大审批权限等方式，优先满足京津冀协同发展相关项目融资需求。例如，华夏银行北京分行和民生银行北京分行分别从总行获得 200 亿元京津冀协同发展专项信贷额度。工商银行北京市分行创新推出"非首都城市功能疏解贷款"，可实现京、津、冀三地营销和自行审批。华夏银行北京分行与世界银行联合推出总额度 10 亿美元的转贷产品，为京津冀节能及污染防控项目提供低成本融资服务。[①]

（四）欧盟银行业联盟的跨境自由竞争经验

欧盟是一个超国家的联合体，其金融一体化的难度远远超过一国内各地区之间的金融业协同发展。欧盟金融一体化有两个决定性举措，第一是统一货币。1998 年欧洲中央银行成立，1999 年欧元诞生，2002 年 11 个欧盟成员国废止其原有货币，统一使用欧元作为法定货币。流通的欧元纸币是统一的形式，硬币正面也都一致，只是硬币反面由发行国选择自己民族国家的设计。欧洲中央银行设在德国的法兰克福，它可以决定欧元的汇率和欧元区国家的利率，这也就意味着欧元区的厂商和公民持有财富的多少在很大程度上与

[①] 杨伟中：《以党建引领协同，以创新推动发展——金融服务京津冀协同发展战略的思考与实践》，《金融时报》2019 年 2 月 26 日。

自己的国家脱了钩，却直接同欧盟挂上了钩。而且欧元区民众的住房抵押贷款、消费者信贷，抑或是享受什么样的公共金融服务，均同欧洲中央银行等欧盟机构息息相关。① 第二是建立银行业联盟。除英国之外的欧盟国家的金融体系皆为银行导向（bank - oriented），即银行承担为个人、企业及市场上其他金融机构提供流动性的职能。数据显示，1995～2004 年，欧盟 25 国的银行信贷总额占其国内生产总值的比重平均为 109.2%，这一比重在老成员国（EU15）中更是高达 114.6%；而美国与日本的这一指标在 2001 年分别只有 40.7% 与 79.7%。因此，欧共体（欧盟）金融一体化政策从一开始就主要面对银行系统，主要包括以下措施。

（1）消除准入障碍。针对当时各国存在的银行业准入限制，欧共体在区域内部贯彻银行业国民待遇原则（national treatment principle），即确保一国内所有金融机构，无论其归属，均处于相同规制与监管之下。

（2）协调监管规则。市场准入障碍取消后，欧共体成员国银行可在欧共体其他国家开业并开展业务；但各个成员国银行监管规则各不相同，这在很大程度上增加了欧共体内部跨境银行业务的各类成本。鉴于消除成员国之间监管模式的差异不可能一蹴而就，欧共体采取了"最低限度协调"（minimal harmonization）策略，以最大限度地减少银行业一体化推进的阻力。

（3）确定监管权限。银行跨境业务出现后，相关银行是受东道国（host state）还是母国（home state）监管的问题浮现。监管

---

① Giandomenico Majone, *Rethinking the Union of Europe Post - Crisis: Has Integration Gone Too Far?* (Cambridge: Cambridge University Press, 2013) pp. 11 - 12.

权限模糊将给银行监管者与银行带来极大的困扰，妨碍正常的银行跨境经营活动。因此，在单一银行执照（single banking license）、母国控制（home country control）和相互承认（mutual recognition）等原则的指引下，银行母国被赋予审慎监管（prudential supervision）的权力，而东道国则有权进行商业行为监管（conduct of business supervision）。

（4）破除监管与市场壁垒。逐渐厘清银行业相关各类机构之间的关系后，欧共体（欧盟）便着手破除监管与市场壁垒，建立欧洲经济与货币联盟，以促进区域内部资本的自由流动与银行跨境金融服务的提供。①

欧盟金融一体化对我国金融业协同发展的可借鉴经验在于其促进跨界自由竞争的"单一通行证"制度。欧盟由不同的国家结合在一起，不同的国家在金融管理上都有不同的法律体系，但是欧元是统一的货币，就必须统一金融监管方法。为此，欧盟地区采取了"单一通行证"管理模式，也就是成员国的金融组织可以随意在其他成员国境内从事跨境金融交易，与此同时，打造统一的金融交易系统，创立金融保障机制，设置同一化监管规范。对跨境金融服务的监管依据共同原则来进行，保证金融监管的一致性。保证监管透明度是其必要条件，通过对监管体系、政策、制度、标准的及时沟通，并在沟通过程中不断完善和改进，来保证监管的统一性，克服金融政策机制不协调问题。

---

① 胡琨：《欧盟银行业联盟建设》，载周弘主编《欧洲发展报告（2013～2014）》，社会科学文献出版社，2014。

三　对闽西南金融业协同发展的建议

金融业协同发展当然有可能降低闽西南核心区比如厦门的征信，但总体上利大于弊，可大大提升整个地区的经济活跃度，产生规模效应，助力整个地区的均衡发展。鉴于上述长三角、大湾区、京津冀，以及欧盟的经验，向闽西南金融业协同发展提出以下改进建议。

（一）规划先行，以《厦门市金融业发展专项规划（2019～2025）》[①] 为基础，设计"闽西南五市金融业发展专项规划"

借鉴长三角和粤港澳大湾区经验，以产业金融为首要发展对象，促进产业与金融良性互动，为厦门及其他四市的经济转型升级提供金融支持；以科技金融和特色金融为重点发展对象，使金融科技、财富管理等特色业务形成规模效应；加大闽西南地区整体金融业开放力度，以开放促改革，探索股权投资、黄金投资、离岸投资等财富管理新路径，打造境内外财富管理创新高地。

（二）在推进产业配套金融举措的同时，加大对中小企业的金融支持力度

闽西南地区中小企业数量众多，在中美贸易摩擦背景下中小企业遭遇一定困难。可考虑在闽西南发展投资基金中设立固定比例资

---

① 《厦门市人民政府办公厅关于印发厦门市金融业发展专项规划（2019－2025）的通知》（厦府办〔2019〕86号），2019年9月28日，http://www.xm.gov.cn/zwgk/flfg/sfbwj/201909/t20190929_2337741.htm。

金专项支持中小企业，或通过联席会议机制决策设立专门的中小企业风险投资基金，帮助它们解决关键经营时期的融资和发展问题。

可借鉴大湾区注重科技金融的经验，动员厦门 IT 企业积极开发金融软件和硬件，服务闽西南地区中小企业用户；加强中小企业公共服务平台网络建设，增加知识产权、教育培训、投融资等一站式服务。有条件的地方可探索通过创新券、创业券等新模式，缓解中小微企业"融资难、融资贵"难题，增强中小企业的生存能力和抵御风险的能力。

（三）注意管控民间借贷所带来的风险

丰富的民间资本是包括闽西南地区在内的福建经济发展的重要优势，但非法集资等违法违规金融活动仍时有发生，给金融稳定和社会安定带来不可忽视的风险和隐患。民间资金投资渠道不足，难以有效转化为金融资本和产业资本，助推经济发展作用有待进一步发挥。此外，福建金融改革走入深水区，资金脱实入虚的现象仍然存在。金融机构准确获取实体企业真实经营信息的难度较大，金融机构和实体企业建立信任的过程较为曲折，对中小微企业的授信管理成本和风险溢价较高。

应当借鉴欧盟注重透明度的经验，加强各市金融局关于民间借贷问题的沟通和协调，充分掌握民间借贷跨地市流动状况，可设专门机构进行管理和监督。同时，严厉惩戒合同造假、融资性贸易等违法行为，形成依法治理的供应链金融行为文化。构建多部门、跨地区联动响应和信用惩戒机制，建立失信行为有奖举报制度和统一的社会信用代码制度，完善"一处失信、处处受限"的失信惩戒机制。

（四）增加政治魄力，打破银行业地域壁垒

注重吸收京津冀一体化便民金融服务的经验，取消闽西南地区特别是厦、漳、泉三地之间的跨地区银行服务限制，实现闽西南银行系统储蓄通存通兑，银行卡网络互享互通。

征得各地市公交系统和长途运输系统的同意，努力推行区域"一卡通"。2018 年 2 月，京津冀交通"一卡通"就已得到北京公交系统的全面支持，京津冀金融 IC 卡"一卡通"工程已经实现一卡多用，建立起了三地共用的电子支付结算平台，实现一卡通用。闽西南地区也应选择一家或多家银行，对此进行突破。

（五）提供面向金门的低息小额贷款专口

作为对台工作的窗口地区，闽西南五市，特别是厦门市应注重协调各国有银行和股份制银行提供面向金门的低息小额贷款专口，为金门提供特惠金融服务，并将其纳入闽西南供应链金融的公共服务平台，使其对接闽西南一体化征信系统。金融业有义务帮助闽台融合发展取得实质性突破，落实建设闽西南服务台企台胞登陆第一家园的责任和义务。

第六章　闽西南基础设施协同发展

谢　鹏　齐天骄　胡　煜*

"区域协调发展战略"最初为党的十六届三中全会提出的"五个统筹"之一，是新时代国家重大战略，也是贯彻新发展理念、建设现代化经济体系的重要组成部分。党的十六届六中全会审议通过的《中共中央关于构建社会主义和谐社会若干重大问题的决定》再次提出，落实区域发展总体战略，促进区域协调发展，形成分工合理、特色明显、优势互补的区域产业结构，推动各地区共同发展。党的十九大报告对实施区域协调发展战略予以进一步强调，并关注城市间的区域协调发展。随着一系列重大决策部署的陆续实施，中国区域发展的协调性显著增强，城乡区域发展差距呈缩小之势。

党的十八大以来，各地区各部门围绕促进区域协调发展与正确处理政府和市场关系，在建立健全区域合作机制、区域互助机制、区际利益补偿机制等方面进行积极探索并取得一定成效。就福建省而言，在着手打造闽东北区域协同发展后，于 2018 年 4 月，省委、

---

* 谢鹏，中国电子科学研究院高级工程师；齐天骄，中国社会科学院欧洲研究所编辑；胡煜，中国电子科学研究院工程师。

省政府做出了加快闽西南经济协作区发展的重要部署，同年 9 月将经济协作区上升为协同发展区。2019 年 5 月，福建省发改委发布《闽西南协同发展区发展规划》（以下简称《规划》），为闽西南厦门、泉州、漳州、三明、龙岩五市开启新一轮协作发展明确了方向和任务。一年来，闽西南五市紧密联手，以"健全互联互通的基础设施体系"为目标，各项工作取得初步成效。

一　闽西南基础设施建设区域协同发展现状

（一）闽西南基础设施建设区域协同发展成就

1. 交通运输规划区域协同

一年来，闽西南五市紧密联手，以"打开通道、联接渠道、整合资源、共享平台"为目标扎实推进各项工作并取得初步成效，交通运输领域已呈现良好的协同发展势头，高质量的区域交通一体化新格局正在逐步形成。

（1）国家铁路网

根据《中长期铁路网规划》（2016 年）和《福建省中长期铁路网规划》（2017 年），截至 2019 年闽西南协同发展区基本形成 2011 年规划的"八纵七横"铁路网络布局，建成了一批铁路运输枢纽，主要有福厦铁路、厦深铁路、龙厦铁路、南（平）三（明）龙（岩）铁路等。

（2）城际轨道线网

根据福建省交通运输厅、福建省发改委关于厦漳泉大都市区城际轨道和闽西南五市城际轨道系统规划有关研究成果，区域城际轨道线网将综合考虑国有铁路开行富余运力利用与新建城际轨道相结合的布局,其中厦漳泉大都市区规划形成"二纵三横"的城际轨道线网(规划未审定),便捷大都市区城际快速客运往来,实现三市中心区 1 小时通勤,并规划利用长永泉、浦建龙和南三龙铁路,新建新罗—武平、石狮—德化城际支线,实现与龙岩、三明的城际联系。

(3)城市轨道交通

闽西南协同发展区中厦、漳、泉三市分别在中心城区规划了城市轨道交通,方便中心区居民出行,并与协同发展区内国有铁路和城际轨道线网进行了衔接。预计到 2025 年厦门市规划 6 条城市轨道交通线路,线网总规模达 246.2 公里;泉州市规划 7 条城市轨道交通线路,线网总规模达 281.89 公里;漳州市规划 1 条城市轨道交通线路(九龙云巴),线网总规模达 39 公里。

(4)高(快)速公路、国省干线公路

高(快)速公路。依托《海峡西岸经济区高速公路网规划》(三纵八横三环三十三联),协同发展区规划形成了三条纵线、六条横线、二条环线、二十条高速公路联络线的网络布局,高速公路里程超过 3500 公里,实现"县半小时上高速"的通勤圈,同步推进城市快速路系统建设,实现主城区半小时交通圈。

国省干线。按照全省普通国省干线路网规划布局,实施干线公路网建设,截至 2019 年,协同发展区内区域干线公路里程近 7000 公里(含 500 公里共线里程)。

(5)海空港

港口方面,近年来,协同发展区重点加快推进厦门、泉州港建设,加强山海协作,积极推动龙岩、三明陆地港建设,合理分工,优势互补，提升协同发展区港口群竞争力。厦门港客货运量均处于协同发展区内领先位置。泉州港的货运量较大，客运较少。泉州、龙岩、三明设有陆地港，其中泉州陆地港运营较为成功，龙岩陆地港尚处于起步阶段。

航空方面，形成以厦门翔安机场为区域性主枢纽，厦门高崎机场、泉州大港湾机场、晋江机场、漳州石亭军民合用机场、龙岩冠豸山机场、三明沙县机场互为补充的航空枢纽布局。

（6）公路运输主枢纽

2015 年以来，以国家公路运输主枢纽、物流节点城市建设为依托，结合航空、铁路、港口相关规划，协同发展区科学规划建设了区域综合客货运运输枢纽布局，服务区域运输发展。

截至 2018 年，闽西南协同发展区共设一级客运站 14 个、二级客运站 36 个，其中泉州客运站站点相对其他城市较多。建成了厦门北站、翔安机场客运枢纽、泉州高铁客运枢纽、晋江客运枢纽、漳州南站客运枢纽、角美客运枢纽、龙文客运枢纽、龙岩综合客运枢纽站和三明南站综合客运枢纽等区域综合客运枢纽；建成包括厦门枋湖客运站、泉州客运南站、漳州客运西站、龙岩客运南站和三明汽车客运东站在内的 25 个客运枢纽。

（7）物流体系

近年来，闽西南五市通过区域协作，加强协调沟通，充分发挥各市在资源条件、产业布局、基础设施、区域环境等方面的优势和特色，共同推进了物流业全方位、多层次的合作发展，逐步构建了闽西南五市统一、规范、开放、高效、创新的现代物流体系。

截至 2018 年，闽西南协同发展区共设物流园区 40 个，其中漳州的物流园相对其他城市较多，厦门、泉州、龙岩、三明物流园区数量较为均匀。建成厦门现代物流园区、前场物流园区、翔安机场货运枢纽、泉州晋江"陆地港"、惠安黄塘公铁联运物流园区、漳州招银物流中心、漳龙物流园区、龙岩陆地港和三明陆地港、公路港等 10 个区域综合货运枢纽，建成厦门海沧物流园区、泉州秀涂物流园区、漳州金峰物流园区、龙岩闽西现代物流园区和三明吉口物流园区等 36 个货运枢纽。

2. 能源水利建设区域协同

闽西南地区水资源较为充沛，为大中型水库的建设和引调水工程的发展奠定了基础。此外，该地区还注重提升防洪防潮能力并关注水环境的治理。在能源利用方面，闽西南地区关注核电站、蓄能电站和新能源的开发与利用，并逐步完善电网和天然气等能源基础设施的互联互通。

在能源项目方面，海西天然气管线全长约 1100 千米，覆盖福建 9 个设区市，是我国东南沿海天然气大动脉的重要组成部分。管线北接浙江、南衔广东，在确保福建省能源供应和安全的同时，为东南沿海地区打造了更加安全可靠的清洁能源供应网络。此外，闽粤电网联网工程被纳入国家电力发展"十三五"规划。根据国家能源局 2018 年 9 月印发的《关于加快推进一批输变电重点工程规划建设工作的通知》，闽粤电网联网工程是要求推进的 9 个重点输变电项目之一。闽粤电网联网不仅使福建、广东两个经济发达省份的电网实现联网，也将保障地区的供电安全性，为推动全国电力市场建设构筑重要的网架基础。截至 2018 年底，区域协同发展项目中已有 5 个项目在建，包括福建电网 500 千伏输变电工程、福建电网 220 千伏输变电工程、福建电网 110 千伏及以下配电网工程、海西天然气管网二期工程（漳州—龙岩段和漳州—诏安段）、漳州液化天然气（LNG）接收站项目。

在水库建设方面，厦门已拥有水库 5 座、泉州有 10 座、漳州有 18 座、三明有 25 座、龙岩有 19 座，水资源相当丰富，对蓄洪滞洪、蓄水灌溉和供水发电起到了重要作用。2019 年 9 月，长泰枋洋水利枢纽工程上存大坝主体封顶，具备向厦门供水的条件，成为厦门优质可靠的第二水源。

在防洪工程建设方面，福建省内水系密布、河流众多，主要水系有"五江一溪"，即闽江、九龙江、晋江、汀江、赛江和木兰溪，其中，闽江、九龙江、晋江和汀江均流经闽西南地区。该地区已建成九龙江防洪工程、汀江防洪工程、晋江防洪工程和闽江防洪工程。

3. 邮电通信技术区域协同

泛在网络将个人置身于无所不在的网络之中，实现个人在任何时间、地点与任何人与物的信息交换。基于个人和社会的需求，利用现有网络技术和新兴网络技术，可提供泛在的、无所不含的信息服务和应用。近年来，大数据、云计算、移动互联网等新一代信息技术催生了经济和社会的又一次革命。以"互联网＋"为核心驱动力的智慧城市建设，在提供智慧化社会服务的同时，对提升城市治理体系与治理能力现代化水平产生了深远影响，智慧城市建设正在向更高层次的"新型智慧城市"发展。在网络建设与应用方面，闽西南地区取得了一定成果。

在民用网络建设方面，2019 年 1 月，福建省政府印发《新时代"数字福建·宽带工程"行动计划》（以下简称《计划》）。《计划》强调，要以高速光纤网络、4G/5G 移动网络、移动物联网（NB－IoT）和互联网协议第六版（IPv6）、工业互联网等新一代信息基础设施建设为重点，发挥各基础电信企业和铁塔公司的建设主体作用，加大投资建设力度，营造良好发展环境，促进城乡数字鸿沟逐步缩小，提速降费、信息惠民作用进一步凸显，显著提升网络强省影响力。目前，闽西南地区正在根据《计划》的内容，逐步落实相关要求。以厦门市为例，近年来，厦门大力推进信息消费、信息惠民和宽带城市的建设，各领域信息化建设取得显著成效，相继获批"国家信息消费示范城市""信息惠民国家试点城市""国家下一代互联网示范城市""宽带中国"示范城市。2018 年，厦门市实施"i 厦门"提升工程，新增 4 项政民政企互动功能和 10 项高频应用接入，实现 14 大类 110 项便民服务"掌上办"；市民卡 App 3.3 版正式上线，入围"首届数字中国峰会最佳实践成果 30 强"；成功引入厦门人工智能公共服务平台、人工智能语音芯片量产等项目，厦门"中国软件名城"创建通过工信部实地评估。

在政务信息整合建设方面，厦门市为满足全市各级行政部门对政务云平台快速增长的需求，开展政务云平台服务采购，新增入围服务商为中国电信股份有限公司厦门分公司、腾讯云计算（北京）有限责任公司、浪潮软件集团有限公司等三家企业。项目的落地将有效缓解云服务资源紧张局面，为极速扩张的政务应用提供更丰富的云服务支撑。此外，基本完成全市、区数据中心整合工作，除公安局、教育局、卫计委、财政局等业务需求复杂度高、资源需求量大的几家单位仍有自建机房外，其他政府部门已基本实现应用统一上云、统一监管。草拟"关于推进厦门市政务数据中心整合的实施方案（送审稿）"上报市政府，已通过市政府常务会审议。

在大数据建设方面，中国国际信息技术福建产业园位于安溪县南翼新城开发区高新技术产业园，旨在提供数字化福建的统一数据平台，打造覆盖福建、辐射海西的国家级数据中心节点。产业园致力于以国际最高等级第三方灾备/数据中心为核心，构建以信息技术服务外包为主的绿色生态产业链，打造集数据集中、安全管理、云服务、电子商务、数字金融、信息技术教育、国际交流、投融资环境等功能于一体，覆盖福建、辐射海西的国际一流高科技信息技术产业园区。产业园已于 2015 年开园，目前已有 16 家企业进驻。厦门市目前已形成火炬高新区、海沧集成电路产业园等电子信息产业基地。厦门火炬高新区同翔产业基地重点发展集成电路、平板显示、LED 等产业，2018 年起步区投资 41 亿元，新增 636 亩招商用地，已落户 24 个产业项目，园区集群效应初步显现。厦门海沧着力发展集成电路产业，依托信息产业园规划 3.22 平方公里集成电路产业核心区，配套建设封装测试公共技术平台，构建先进封测和特色工艺制造基地；建设中沧工业园，配套 1000 余套职工公寓，为集成电路制造项目、孵化器及服务平台提供场所。此外，厦门在智慧城市建设中处于领先位置。厦门通过推进智慧城市建设，获评"中国十大智慧城市""中国智慧治理领军城市""十二五智慧城市领军城市""中国城市信息化 50 强""中国智慧城市推进工作十佳城市""中国智慧城市发展评估应用创新奖"等荣誉称号。

工业互联网是链接工业全系统、全产业链、全价值链，支撑工业智能化发展的关键基础设施，是新一代信息技术与制造业深度融合所形成的新兴业态和应用模式，是互联网从消费领域向生产领域、从虚拟经济向实体经济拓展的核心载体。根据国务院的文件精神，福建省政府于 2018 年印发《关于深化"互联网+先进制造业"发展工业互联网的实施意见》（以下简称《意见》）。《意见》指出，工业互联网的发展要遵循科技创新规律，以数字技术创新为核心驱动力，加强工业互联网关键技术攻关与典型应用推广，培育多元创新主体，完善产业创新体系。引导上下游企业、大中小企业、跨领域企业互联互通、融合发展，促进产品、技术、服务与业务的集成创新，营造高效、融通的发展环境。目前，以鞋业为传统优势产业的泉州市积极打造"互联网＋鞋业"模式，推动国内外制鞋产业全产业链的优势资源汇聚，促进制鞋产业信息流、技术流、设计流、资金流在泉州晋江汇集和交换，推动互联网经济与实体经济在制鞋产业的深度融合，并提高了晋江本地制鞋产业的影响力和话语权。

（二）闽西南基础设施建设区域协同发展存在的问题

闽西南涵盖的五个城市中，从城市发展的综合表现看，厦门属于区域型城市，知名度最高，应发挥经济特区和核心城市的引领带动作用，但厦门的空间腹地有限，腹地范围拓展能力不足；泉州是关键的节点城市，产业规模及经济总量优势明显，但人均 GDP 同厦门相比差距较大；漳州属于辐射型城市，与厦门地缘上相近，其发展需要依靠厦门的产业转移；龙岩属于二级辐射型城市，一定程度上受到核心城市辐射带动，但影响较小，需通过基础配套设施的打通来提升关联度；三明相对独立，属于一般城市。随着闽西南区域内基础设施、产业等规划的引导及落地，高能级城市的带动效应有望逐渐增强。综合来看，五市中中心城市辐射带动能力有限，厦门、泉州在主导地位认知上有一些摩擦；同时，龙岩和三明市的发展水平有限，城乡区域发展不平衡。

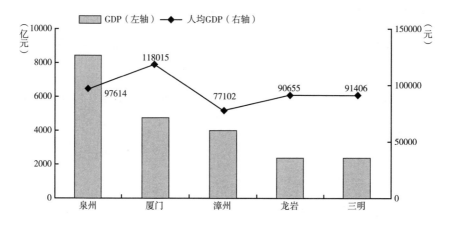

图 6-1 闽西南各城市 2018 年经济规模对比

1. 交通运输方面

首先闽西南地区综合交通体系有待进一步完善。虽然闽西南地区综合交通体系已经逐步成形，但面对区域内经济、社会以及城市群发展的形势和要求，目前交通基础设施服务水平仍存在不适应性，综合交通体系仍有待进一步完善。

在铁路方面，闽西南协同发展区铁路基本成网，协同发展区内龙岩的铁路里程较长，厦门较短；龙岩铁路综合密度较大，漳州较小。高铁建成后，现有动车线定位不够明晰。城际铁路未成网，与沿海其他省份相比仍有差距，铁路干线、城际、城市轨道衔接有待完善。货运铁路等级较低，铁路客货运枢纽对外衔接能力有待提升。沿海通道缺乏货运专线。在公路方面，公路网络较发达，基本实现县县通高速。沿海网络较密，西部较稀。东西向通道较多，南北向较少。县城与中心城区联系通道较多，县城之间通道较少。交通分布不平衡。沈海、泉南（泉州段）、厦沙（厦门—安溪段）、厦成等高速交通趋于饱和，其他高速尤其是山区高速运能富余。核心区路段承担城市交通功能，与城市交通干线衔接不畅（互通密度、节点拥堵、缺少快速干线衔接主要客货集散点）。路网结构有待完善，与城区一公里衔接、断头路问题依然严峻等。在航空方面，闽西南协同发展区内除漳州外其他4个城市均具备民用机场条件。其中厦门旅客吞吐量最大，达到2655万人次，已经完全饱和。龙岩、三明旅客吞吐量较小，航线较少。厦门、泉州机场距离市区较近，龙岩机场离市区较远，约106公里。此外，机场与铁路衔接不够。在物流方面，从物流园分布情况来看，当前物流园区主要依托闽西南各地市公路客运站、现有国省干线进行建设，大部分物流园区缺乏与铁路设施的衔接。沿海物流园区运输通道未考虑水陆联运。

其次，闽西南互联互通协同合作有待进一步创新。现有交通协作仍以基础设施建设合作为主，城际客货运输、交通管理、信息化合作水平无法适应区域协同发展的需要，如何加强运输、管理、信息等领域的协作，如何进一步创新合作机制和体制将是下一步要研究探讨的重点。

最后，闽西南交通运输政策与其他领域政策的协调配合还应进一步加强。闽西南区域经济的一体化协调发展离不开交通政策与财政政策、产业政策、土地政策、科技政策等各方面政策的协调，而闽西南目前的交通运输发展很多时候还处于"各自为政"的状态，各个城市之间、不同政策之间都缺乏充分有效的沟通，需要加强各种政策的对接和协调工作，保障区域协调发展目标的实现。

2. 能源水利方面

闽西南能源建设工程较为滞后，尚无已竣工的核电站项目；虽然处于沿海区域，但新能源发展仍显滞后。此外，水资源合理利用能力有限，大中型水库不足，引调水工程需要进一步规划兴建。

3. 网络建设方面

网络发展最先进的厦门市，其建设仍存在一些问题：第一，信息壁垒、"信息孤岛"和数据分割问题仍然存在，市级层面难以全面、准确、及时地掌握城市各区、各领域的运行状态；第二，运用信息技术手段自动预测、预警突发网上舆情和线下事件的能力不足，更无法及时为政府部门科学决策提供可靠的依据；第三，条条块块间存在"信息墙"，业务数据深度共享程度不高，跨区、跨部门业务协同、服务衔接水平有待进一步提高，以信息流为驱动的快速联动能力不足；第四，公安、武警、城管、海关、气象、交通、航空、港口、社保、医疗、税务、金融等部门掌握的信息数据未能深度共享互通，基于大数据的综合信息服务尚有较大提升空间，目前无法实现对城市的精细化管理。同样地，我们也可以发现，闽西南地区重点项目也多以单个城市为基本单位，如泉州中国国际信息技术（福建）产业园、"卫星＋"智慧城市、厦门软件云创新中心、泉州"互联网＋鞋业"等，城市间的网络一体化建设程度有限。

二 基础设施建设协同发展的经验与启示

（一）国内重点区域交通运输协同发展经验借鉴

1. 京津冀交通一体化发展经验

2015 年 5 月，《京津冀协同发展规划纲要》出炉，推动京津冀协同发展成为一项重大国家战略。近年来,按照《京津冀交通一体化暨雄安新区综合交通运输体系建设三年行动计划(2018－2020年)》,在京、津、冀三地共同努力下,一张覆盖三地所有地级以上城市的综合立体交通网初步建成,京津冀交通一体化发展取得明显成效。

京秦高速、津石高速、天津北方国际航运核心区等一大批重大交通项目稳步推进;"轨道上的京津冀"初步形成,京雄城际铁路北京西站至大兴机场段已开通运营,京沈高铁、大张铁路加快建设,开行北京东—燕郊、天津—宝坻—蓟县等市郊列车和北京—雄安新区动车组列车等;城市交通实现一卡通行,京津冀互联互通卡已覆盖三地所有地级以上城市。按照计划,京津冀下一步将着力打造三地综合立体交通网络,相邻城市间基本实现"1.5 小时交通圈"。

2019 年 9 月,作为京津冀协同发展重大标志性工程的北京大兴国际机场正式投运。开通运营两个多月时,已有来自全球的 15 家航空公司在大兴机场运营,每天执飞航班约 270 个架次,进出港旅客约 4 万人次。截至 2019 年 11 月底,已执飞航班 12736 架次,运送旅客 195 万人次。大兴机场远期规划飞机起降量达 88 万架次,年客流量达 1 亿人次。与大兴机场同步投运的高铁、地铁、高速公路等多种交通方式可以实现立体换乘、无缝衔接。2022 年北京冬奥会重点建设工程——我国首条时速 350 公里的智能高铁——京张高铁已全线试运行,待正式开通运营后,乘高铁从北京到张家口冬奥会赛场的时间将缩短到 1 小时内,河北省所有地级市也全部实现通高铁。

目前,北京已实现所有市域公交线路和地铁线路"全国交通联合一卡通"全覆盖，累计发卡 530 万张，与全国 245 个城市的一卡通互联互通。同时，省际道路客运联网售票系统上线运行，覆盖京津冀区域内 100 个客运站。6 条省际班线陆续公交化试点运营，试点线路沿途经过 40 余个村庄，直接受益 8 万余人，日均客运量达 1300 余人次。此外，北京已实现 41 条公交线路省际化，覆盖河北省廊坊、涞水、赤城等 17 个毗邻县（市），惠及超 40 万人。

长期以来，因地方规划、建设节奏不同，京津冀三地出现了一批"断头路""瓶颈路"。为了京津冀交通运输协同发展，北京、天津、河北通过协商，计划到 2019 年底前，打通三地之间所有的"断头路""瓶颈路"。

2. 长三角交通一体化发展经验

2019 年的政府工作报告提出，将长三角区域一体化发展上升为国家战略。同年 5 月，交通运输部形成了初步研究成果：《长江三角洲区域交通运输更高质量一体化发展规划》（以下简称《规划》）。这份顶层蓝图的目标是要将长三角地区建设成交通强国引领示范区、交通高质量发展先行区、人民满意交通样板区。

目前，长三角地区围绕轨道交通、公路、港航、民航、邮政等高质量一体化发展，推进一批重大交通基础设施项目建设，打造世界级机场群、港口群、交通网，强化跨区域、跨方式融合发展。其中，长三角港航更高质量一体化发展工作已率先启动。长三角港口群是我国沿海 5 个港口群中港口分布最密集、吞吐量最大的港口群，宁波舟山港货物吞吐量、上海港集装箱吞吐量连续多年位居世界第一，以上海港为核心，江苏、浙江港口为两翼的"一体两翼"港口群已基本形成。

近年来，长三角区域交通基础设施投资规模保持高位，2018

年完成公路水路交通固定资产投资 4245.8 亿元, 2019 年上半年长三角地区公路水路交通固定资产投资就达 2855 亿元。江苏 2019 年计划完成交通建设投资 1370 亿元, 与 2018 年投资计划相比, 增加 210 亿元, 增长 18.1%, 2019 年上半年已完成 780 亿元。浙江则计划 2019 年完成综合交通建设投资 2600 亿元以上, 力争突破 3000 亿元, 上半年已完成投资 1428 亿元, 同比增长 20%。据初步测算, 未来十年浙江综合交通投资总规模将高达 3 万亿元。

为缓解长三角地区交通建设融资压力, 交通部 2018 年下达中央补助资金 225.1 亿元, 2019 年下达中央补助资金 251.8 亿元, 同时积极争取地方政府债券支持交通建设。此外, 长三角民间资本已进入铁路基础设施投资领域先行先试。

3. 粤港澳大湾区交通一体化发展经验

2019 年 2 月, 中共中央、国务院印发了《粤港澳大湾区发展规划纲要》。纲要提出, 建设和完善一体化交通运输体系作为经济发展的重要支撑, 是保证大湾区经济增长、社会进步不可或缺的基本条件。目前, 粤港澳大湾区已经具备较好的交通基础设施条件, 下一步将做进一步的完善和发展。

当前, 按照中央的部署, 交通运输部负责研究制定《关于支持粤港澳大湾区交通运输发展的实施意见》。实施意见主要包括七方面的内容: 一是推进对外综合交通运输通道建设; 二是构筑大湾区快速交通网络; 三是提升珠三角港口群国际竞争力; 四是建设世界级机场群; 五是提升客货运输服务水平; 六是提升交通科技创新能力; 七是建设绿色生态交通。这将为粤港澳大湾区加快构筑具有全球竞争力和影响力的现代化综合交通运输体系提供有力的政策保障。

（二）欧盟交通一体化建设经验与启发

1. 欧盟交通运输体系发展现状

交通运输体系是区域经济发展的重要支撑，通畅完善的交通运输体系可以加强区域内人员和货物的流动，进而推动整个区域的经济、政治、文化等各领域更好地融合发展，因此欧盟从成立之初就将交通一体化作为推动区域一体化发展的重要抓手。经过近三十年的发展，欧盟的交通运输网络规模不断扩大，交通结构和衔接方式更加合理，在支撑欧盟各成员国经济、社会不断发展的同时，也推动经济和社会凝聚力的不断增强。根据欧盟统计局的数据，截至2017年，欧盟交通运输行业大约有120万家企业和1050万从业人员，运营的铁路里程达到21.20万公里、高速公路里程达到7.15万公里，在全球主要经济体中处于领先水平，大大促进了区域内人员和货物的流动。

（1）欧盟推进交通一体化的相关政策

从20世纪90年代开始，欧盟委员会每隔十年左右的时间就会发布交通运输白皮书，指导今后很长一段时间内欧盟各成员国交通政策法规和发展战略的制定。1992年，欧盟发布了第一份交通运输白皮书《共同运输政策的未来发展》，强调制定适合的政策推动一体化发展过程中运输系统和运输基础设施建设的协调发展，并且将绿色发展列入目标，严格限制碳排放量。2001年，在实现第一份白皮书中的大部分目标后，欧盟又发布了第二份交通运输白皮书《2010年欧洲运输政策：决策时刻》，强调各种运输方式之间要实现均衡发展，破解现有的运输瓶颈，制定交通政策时要以人为本，交通管理模式要适应运输全球化的趋势。2011年，欧盟发布了第三份交通运输白皮书《统一的欧洲交通运输路线图：迈向竞争和资源高效的交通运输体系》，此份白皮书以 2050 年为最终目标年，重点推进绿色交通，与 1990 年相比碳排放减少 60%；构建多式联运主干网络，中远途客运更多使用大型车辆、铁路和空运，中远途货运更多使用铁路和水运；继续维持欧盟在洲际运输中的领跑地位，通过推广低碳燃油和技术更新降低碳排放；打造绿色的城市交通体系，优先发展公共交通，减少传统燃油汽车。

近几年，欧盟在 2011 年发布的交通运输白皮书和欧盟 2020 年战略的指引下，从基础设施、铁路、海运、航空等各个方面制定了相应的政策，包括新的泛欧洲运输网、第四个铁路一揽子法令、"蓝带"海运计划、单一欧洲航空一揽子计划、内河航道促进计划等，从而推动建设统一的欧盟交通运输区。此外，欧盟还重点关注数字移动解决方案、运输公平定价、多式联运、电动汽车推广、替代燃料基础设施建设等多个领域，旨在打造更加绿色、智能、高效的交通运输系统。

（2）基础设施一体化

欧盟从 1996 年起规划建设泛欧洲运输网（TEN－T 政策），旨在统筹规划发展欧盟范围内的铁路、公路、内陆水路、海运路线、民航等，从而缩小区域间发展差距，消除欧盟各国交通运输的制度瓶颈和技术障碍。TEN－T 政策实施二十多年来对于欧盟的交通运输设施建设和完善发挥了重要作用，增强了欧盟各国的经济和社会凝聚力。TEN－T 政策自 1996 年最初公布后，在 2001 年、2004年、2009 年、2013 年经过了四次调整，目前的 TEN－T 政策是基于第 1315/2013 号欧盟法规进行编制的，着力构建覆盖欧盟的核心网络和全面网络，核心网络用来连接欧盟内部最重要的节点城市，计划在 2030 年完成，全面网络则要覆盖欧盟所有地区，计划在 2050 年完成。

TEN – T 政策核心网络的骨干网由九条核心通道组成，通过这些核心通道简化和促进核心网络的协调发展。此外，在建设物理基础设施的基础上，TEN – T 政策还推动在所有运输方式上使用新技术和数字解决方案，从而提高基础设施的利用效率，减少交通运输对环境的影响，提高能源效率和安全性。

为了更好地支持 TEN – T 政策实施，欧盟还制定了"连接欧洲"基金（CEF）计划用于融资。2014～2019 年，CEF 已经为交通设施项目提供了 22.5 十亿欧元资金，并且欧盟在 2021～2027 年的长期预算中预留了大量的资金用于支撑欧洲交通基础设施建设。CEF 对不同交通设施的投资金额如图 6 – 2 所示。

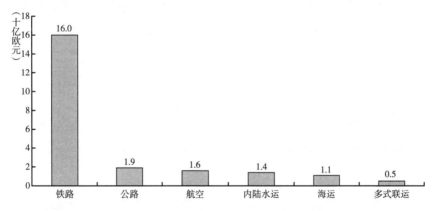

图 6 – 2　2014～2019 年 CEF 对于不同交通设施的投资金额

资料来源：https：//ec. europa. eu/transport/themes/infrastructure/cef_ en。

（3）铁路一体化

铁路作为交通运输网络的重要组成部分，作为较为清洁的运输方式对于欧盟交通的可持续发展有重要意义。但是由于各成员国铁路规划、运营、管理的隔离,欧盟成立时各成员国铁路发展不协调问题非常突出,因此铁路成为欧盟交通一体化建设的重点发力领域。

早在 1991 年,欧盟的前身欧洲经济共同体通过了 91/440EC 指令,要求各国将铁路运营管理与基础设施建设管理分离,实现网运分离,并在铁路系统引入竞争。2001 年,欧盟提出了第一个铁路一揽子法令,在推动网运分离的基础上,允许新的企业参与铁路市场竞争,提高欧盟铁路基础设施的使用效率。2004 年和 2007 年,欧盟又接连提出了第二个和第三个铁路一揽子法令,在网运分离和市场开放的基础上,进一步推动各成员国铁路的互联互通,要求各成员国在规章制度、技术标准等方面实现统一,并且对外开放国际铁路业务。目前,欧盟铁路系统主要是基于 2013 年通过的第四个铁路一揽子法令,进一步减少各成员国不同标准和程序造成的技术障碍,并且开放铁路市场,迫使国有铁路公司向竞争对手开放市场。2019 年起,任何满足要求的私营企业都被允许在盈利的线路上运营,2026 年后,私营企业可以以竞标公共服务合同的方式进入政府补贴运营的线路。

此外,欧盟还积极利用信息技术推动铁路的一体化进程,构建欧洲铁路运输管理系统(ERTMS),为欧洲铁路运输提供统一的信号系统和列车控制系统,从而创建无缝的欧盟铁路系统。截至 2017 年底,欧盟核心交通网络中已经有大约 4500 公里线路和 7000 辆列车使用了 ERTMS,意大利和西班牙的高速列车基本上全部使用了 ERTMS。

(4)空域一体化

欧盟成立之初,随着空中交通需求的不断增长,条块分割的空域管理造成整个航空系统效率越来越低。据当时的不完全统计，1999 年欧盟的航班延误率已经由 1991 年的 12.7% 上升到了 30.3%。为了改善欧盟的空域管理状况，减少延误，提高飞行安全标准和飞行效率，欧盟在 2004 年推出了单一天空计划（SES），将空域管理从按照国家边界划分的模式转变为按照最大化利用空域的方式进行设计，逐步整合欧盟的空域管理。2008 年，欧盟推出了 SES Ⅱ 计划，更加关注环境保护和绩效挑战，将计划的权限延伸至一般的航行服务领域。2013 年，欧盟为了更好地推动空域一体化，提出了 SES Ⅱ + 计划，对 SES Ⅱ 计划进行了更新，更加强调绩效导向的经济监管。

（5）多式联运

欧盟除打通交通基础设施和各类交通系统的组织管理外，还致力于推动多种交通运输方式的便捷衔接和协同发展，以多式联运为重要抓手，提高铁路、水运等能源利用效率较高的运输方式的使用率，发展高效、绿色的综合运输系统。

2003 年，欧盟提出了马可波罗计划，推动公路运输向铁路和水运转化，并利用多式联运进行衔接，从而改善货运结构，提高交通运输系统的效率。2006 年，欧盟对联合运输（Combined Transport）进行了规范定义，要求超过 100km 的情况下必须使用铁路或水运，在距离终点最近的铁路车站通过多式联运装卸货物，并对符合要求的多式联运方式进行补贴。2007 年，欧盟开始时实施马可波罗计划 Ⅱ，进一步扩大了多式联运的补贴范围和力度，引导企业转向更加绿色的水运和铁路。

2. 欧盟交通运输体系发展的借鉴意义

欧盟交通运输体系代表着国际交通运输的发展方向，特别是在支持区域一体化发展方面，对闽西南交通运输协同发展有很好的参考价值和借鉴意义。

（1）构建一体化的交通管理体系

从欧盟几十年的发展经验来看，区域经济和社会的协调发展离不开各种交通方式的高效衔接。应打破不同地区、不同部门、不同交通运输方式之间的管理壁垒，通过构建一体化的交通管理体系，打造覆盖整个区域的综合交通体系。

（2）完善和优化交通基础设施

加强交通基础设施建设的顶层设计，在规划过程中就充分考虑综合交通体系的构建，充分安排好铁路、公路、水运、航空等多种交通方式的衔接和转化。根据区域内总体发展规划合理构建交通网络，集中资源保障优先开展项目的顺利进行，既发挥重点城市的龙头带动作用，又要避免畸形的交通网络造成区域经济发展差距的扩大。

（3）重视新型信息技术的创新应用

交通一体化的构建和发展对于新型信息技术有极大的需求，加快大数据、物联网、云计算、人工智能、区块链等新一代信息技术的应用，构建新型综合交通管理系统，可以很好地发挥交通系统的潜能，提升主管部门的管理能力，减少交通拥堵，提升交通系统的效率和效益。

（三）欧盟大数据建设项目发展现状及启示

1. 欧盟大数据建设项目发展现状

在全球大数据市场结构正在从垄断竞争走向完全竞争的局面下，欧盟及其成员国明确制定了大数据发展战略，利用数据为传统行业服务。欧盟在大数据方面的活动主要涉及两方面内容：资助"大数据"和"开放数据"领域的研究和创新活动，以及研究数据价值链战略计划。

2010 年 3 月，欧盟委员会公布了《欧洲 2020——智能、可持续、包容增长战略》（*EUROPE 2020：A Strategy for Smart，Sustainable and Inclusive Growth*），指出数据是最好的创新资源，开放数据将成为新的就业和经济增长的重要工具。

2011 年 11 月，欧盟数字议程采纳欧盟通信委员会的报告——《开放数据：创新、增长和透明治理的引擎》（*Open Data：An Engine for Innovation，Growth and Transparent Governance*），开始推进开放数据战略。该战略从三方面对原有法律、政策进行修订与补充：首先，建立信息再利用的法律框架，对公共部门信息再利用的规则进行修订；其次，动用金融工具，以支持开放数据和行动作为建立欧洲经济数据门户的部署；最后，促进各成员国之间的协调与经验交流，为开放数据与共享提供平台。根据战略要求，欧盟于 2012 年春建立欧洲开放数据门户网站，提供委员会和欧盟其他机构的数据访问入口；2013 年春建立泛欧洲的数据门户网站，允许公众访问整个欧盟自 2011 年起所有成员国的数据，保证公众可以自由获取这些创新资源。

2012 年 9 月，欧盟委员会发布《释放欧洲云计算潜力》（*Unleashing the Potential of Cloud Computing in Europe*）的倡议，指出欧盟未来的三大关键行动：规范和简化的云计算标准；云计算安全和公平的合同条款及条件；建设欧盟云计算伙伴关系，驱动创新和增长。其他的具体行动举措还包括：数据保护、网络安全、信任举措、云计算互操作性、宽带部署、在线服务、公共行业首先参与云计算和国际对话与合作等。欧盟这些战略部署为之后欧盟及其成员国数据立法提供基本路线。

2014 年 4 月，欧盟软件与服务技术平台（NESSI）与欧盟第七框架计划"Big 项目"的合作者联合发布了《欧盟大数据价值战略研究和创新议程（草案）》（*European Big Data Value Strategic Research and Innovation Agenda*），旨在描述欧洲五年至十年内推进实现大数据价值主要研究面临的挑战和需求。2015 年 1 月，欧盟大数据价值联盟正式发布了该议程，确定了九大优先创新发展领域，包括五项技术领域和四项非技术领域。重点优先技术领域为深度分析、优化架构、隐私和匿名机制、可视化和用户体验、数据管理工程。互补的重点优先非技术领域包括技能培养，商业模式和生态系统，政策、法规、标准化，社会感知和社会影响评估。

议程建议，建立欧盟大数据契约的合同制公私伙伴（cPPP），在"欧盟 2020 地平线"（Horizon 2020）、各国和地区计划中推行议程，增强泛欧的研究与创新工作，形成清晰的研究、技术发展和投资战略。议程认为，cPPP 是目前欧盟提高研发创新效率的最有效机制。2015～2020 年，欧盟 2020 地平线将提供 5 亿欧元资助，其余 20 亿欧元将由 cPPP 工业合作伙伴自筹。此外，该议程从七个方面指出了在欧盟建立良好的大数据生态系统所面临的主要挑战，包括保证数据可用性、可访问性，培养数据专家和数据分析工程师，发展欧盟范围内的数据相关法律，开展大数据相关技术研究与突破，研究新的大数据应用解决方案、挖掘大数据商业模式，发挥大数据在社会各领域的作用等。议程设立了明确的发展目标，并对提出大数据发展目标的预期影响进行了研究，设定了关键绩效指标，以评估预期影响。

为实现欧盟大数据契约的合同制公私伙伴的目标，该议程提出了四大应对机制，包括创新空间、灯塔项目、科技项目和协作项目。营造欧洲范围内的跨组织、跨部门的研究创新环境，使大型和中小企业容易发现基于数据整合与分析的商业机会，并将原型测试可行的业务进行实际部署。其中，创新空间指通过营造跨组织、跨部门的创新环境，用跨学科的方式应对各种挑战，是其他研究与创新活动的枢纽和基础平台。创新空间将促进先进大数据技术、应用和商业模式研究，并将技术和非技术活动结合起来，从而形成最佳实践。灯塔项目通过开展大规模数据驱动示范项目，促进更好地理解大数据应用和解决方案。灯塔项目将利用现有技术或非常接近市场的技术，通过创新的方式展现大数据价值。该项目可为其他领域提供可复制的经验，以促进业务增长和创造就业。科技项目关注大数据技术方面，为创新空间和灯塔项目提供技术基础支持。协作项目致力于具体的研究创新活动，在实现大数据契约的合同制公私伙伴时确保协调性和一致性，为技能、业务、政策、监管、法律和社会领域的活动提供支持。

2014 年 7 月，欧盟发布《数据驱动经济战略》（*Towards a Thriving Data - Driven Economy*），大力推动"数据价值链战略计划"，通过一个以数据为核心的连贯性欧盟生态体系，让数据价值链的不同阶段产生价值。其包括开放数据、云计算、高性能计算和科学知识开放获取四大战略，主要原则是：高质量数据的广泛获得性，包括公共资助数据的免费获得；作为数字化单一市场一部分，欧盟内数据的自由流动；寻求个人潜在隐私问题与其数据再利用潜力之间的适当平衡，同时赋予公民以其希望形式使用数据的权利。数据价值链如图 6 - 3 所示。

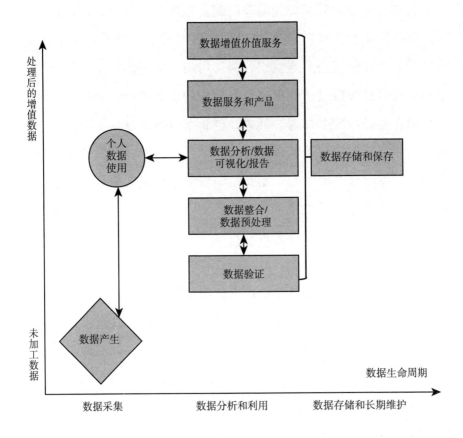

图 6 - 3　数据价值链示意

资料来源：《从欧盟大数据规划中能学到什么》，https：//www. sohu. com/a/
160603198.505913，2020 年 9 月 8 日访问。

2. 欧盟大数据项目发展启示

欧盟大数据项目的发展处于世界领先位置，特别是在支持区域
一体化发展方面，对闽西南大数据协同发展有很好的参考价值和借
鉴意义。

培育市场环境，建立相应体制机制。发展大数据，需要政府进
一步培育和优化市场，建立并完善相应的体制机制。拥有技术、资

本、人才、管理等优势的企业要主导和引领大数据的发展。信息技术等相关的实力雄厚的大企业因其拥有技术、资本、人才、管理等优势，将会在大数据的发展中处于领跑位置。

推动政企合作，促进信息资源共享。加强政企之间、企业之间的合作与分工，推动企业在国家信息政策框架和信息市场的范围内，通过协约机制、利益机制、共享机制等来寻求相互之间的协调与管理，打破数据分割，寻求信息资源最大程度的共享。

大力培养人才，加强相关技术研发。发展大数据，需要大量的数据科学家与数据管理专家和技术专家等相关研究、管理、技术人才，政府应启动面向未来的大数据人才储备计划，并采取多种措施，实施各项优惠政策，营造良好的发展环境以吸引国外优秀的技术人员，增强研发实力。

三 推进闽西南基础设施协同发展的对策建议

（一）政府推进，市场主导

党的十九届四中全会指出，要坚持和完善共建共治共享的社会治理制度，保持社会稳定、维护国家安全，并再次强调治理体系、治理能力现代化。对于闽西南地区而言，基础设施协同发展要遵从"政府推进""市场主导"两个方面原则。

就政府推进而言，无论是交通运输，还是能源水利，抑或是邮电通信项目，都离不开政府的规划主导。政府要加强统筹引导，充分运用市场化手段推进基础设施项目的开工建设。虽然市场要在资源配置中起决定性作用，但仍需看到决定性作用不等于全部作用，市场在资源配置方面有固有的缺陷，如不能解决信息不对称问题，尤其是对发展相对滞后的区域来说，单靠市场难以吸引优质资源进驻，还可能由于盲目发展而出现布局散乱、层次不高、污染严重等问题。因此，政府必须伸出"看得见的手"，以市场化手段加强统筹引导。

在市场主导方面，区域协同发展项目的具体建设都要在市场中完成。此时，政府要尽量减少干预，让市场充分发挥资源配置的决定性作用。相反，过于频繁的调控只会引起更加频繁的经济波动，使人们更关心和更多地研究政府的政策走向而不是市场走向，诱发的是短期行为和投机心理。具体到闽西南地区，要继续坚持项目招标的做法，增强市场的主观能动性，提高生产效率。

（二）交通运输协同发展的对策建议

2018 年以来，在福建省委、省政府的指导下，在闽西南五市的共同推进下，闽西南协同发展区已形成较为有效的协同机制，建立了较高层级的工作机构——闽西南协同发展区办公室，各市抽调精干力量进驻，并在强化立法协同、统筹制定规划、推进项目带动、协调解决问题等方面赋予明确职能。这为闽西南五市进一步加强交通运输协同发展提供了有利条件。然而，与京津冀、长三角、珠三角等地区城市群交通运输发展状况相比，闽西南协同发展区交通运输协同发展仍存在协同合作不够紧密的问题。因此，建议五市从以下五方面入手，全面推进闽西南交通一体化建设。

1. 强化战略思维，提高全局站位，加快协同融合，提升区域交通一体化水平

2019 年 9 月，中共中央、国务院印发了《交通强国建设纲要》，指明新时代交通发展的新使命，成为我国交通行业共同的行动纲领。闽西南五市应以《交通强国建设纲要》为指引，科学规划，加强顶层设计，尽快制定"闽西南协同发展区交通一体化建设方案"，确定闽西南交通一体化总体发展目标和实施路线，构建适应闽西南交通运输高质量发展的指标体系，打造闽西南城市群一体化交通网。

2. 进一步完善闽西南交通基础设施，持续优化区域内综合交通结构，加快构建海陆空协同的立体交通体系和闽西南国家物流枢纽体系

以闽西南协同发展区交通一体化建设需求为指引，以建成与闽西南城市群地位和要求相匹配的综合交通运输体系框架为目标，强化薄弱环节，突破瓶颈。根据闽西南协同发展规划，加强交通基础设施顶层设计，合理安排闽西南五市铁路、公路、水运、航空等多种交通方式的布局和衔接，协调交通政策，构建统一的行业标准和管理规范，打破不同地区、不同部门、不同交通运输方式之间的管理壁垒。优化提升闽西南区域交通网络布局，构建海陆空协同的立体交通体系，统筹推进闽西南五市交通基础设施升级改造，确保运输能力适度超前，积极融入国际、国内大通道，为闽西南各领域向更高水平、更深层次的协同发展提供有力支撑。此外，根据《国家物流枢纽布局和建设规划》，建设厦门、泉州、三明国家物流枢纽，形成闽西南国家物流枢纽体系。

3. 积极培育闽西南跨区域交通运输市场主体，加强区域交通一体化资金保障

以闽西南交通一体化规划融合衔接为引领，以交通基础设施互联互通为抓手，坚持深化改革，遵循市场规律，主动向市场主体开放，积极引进社会资本，积极推广政府与社会资本合作模式，探索出一条闽西南协同发展区城市群交通一体化发展的创新之路。

4. 大力发展智慧交通，打造 5G 时代闽西南城市圈公共交通智慧出行样板区

推动大数据、云计算、人工智能、区块链等新技术与交通行业深度融合。推进数据资源赋能闽西南交通一体化发展，加速闽西南交通基础设施网、运输服务网、能源网与信息网络融合发展，构建泛在先进的交通信息基础设施。推进闽西南综合交通大数据中心体系建设，打造 5G 时代闽西南城市圈公共交通智慧出行样板区，力争对交通强国建设起到示范引领和辐射带动作用。

5. 充分发挥厦门作为中心城市的辐射力和带动力，进一步提升厦门交通运输业发展的溢出效应，助力闽西南交通运输一体化发展向更高质量迈进

在闽西南协同发展区内，厦门作为牵头市，应充分发挥龙头作用，以更高的站位，主动带头对接，积极协调其他四市加大在交通运输领域的投入，进而推动区域交通一体化建设朝更深、更广、更紧密的方向行进。同时，厦门应在推动闽西南交通运输服务和管理水平提升、体制机制创新、促进市场开放和资源共享上有新突破。

在轨道交通方面，针对闽西南的区域经济特征和产业结构特点，推动高速铁路、城际铁路、市郊铁路、城市轨道交通等的融合发展，构建闽西南内部与外部的高速铁路交通纽带，提升厦门与周边城市的城际铁路运营能力，强化城市轨道交通与其他交通方式的便捷衔接，实现区域内同城化通勤。

在水运方面，港口先行，以港兴市，发挥厦门的综合优势，提高厦门港货物运输能力，做强厦门港临港产业，营造一流的港口发展环境，建设国际海运枢纽，使之成为引领闽西南经济发展的突破口和支撑点。规划、完善港口的物流配套用地，推动堆场、停车场的集约用地模式。依托一体化的铁路、公路运输体系，积极推动陆地港发展，将口岸通关功能延伸至陆地港，打造便捷快速的通关模式，推动港口资源整合，优化港口布局，推动形成分工合理、相互协作的闽西南港口群。

在航空方面，打造以厦门为中心、功能齐全的国际性机场群。推动厦门机场成为国际航空枢纽，大力拓展国际航线，规划建设航空国际分拨中心，助力发展国际跨境电商，增强厦门对于闽西南的辐射带动作用，提高区域航空的国际竞争力。完善厦门与泉州、三明等地的机场协作机制，增强泉州机场的航空服务能力，支持三明机场发展通用航空，构建分工明确、联通顺畅的闽西南机场体系。

（三）加强数据中心建设

一方面，要进一步鼓励互联网、大数据、人工智能与实体经济融合发展，发展平台经济，支持互联网平台不断做大，为实体经济提供"互联网＋"服务；支持"软件＋硬件"的复合型企业不断做强，更好地发挥软件"定义"硬件的功能，突出软件技术对实体经济的赋能作用；鼓励自研自用的工业软件向产品化、通用化发展，加强软件技术对实体经济的赋能。另一方面，要进一步加强新基建建设，大力加强城市数字化基础设施建设，切实鼓励电信运营商加快推动5G网络试点和布局建设，加快5G在厦门的推广与应用，抓住新基建的发展机遇，打好数字经济产业基础；力争引入国内互联网龙头企业（华为、腾讯、阿里巴巴等），在厦门布局云计算结点；鼓励大数据产业园区发展，依托厦门市软件园、湖里高新园、翔安数字经济产业园等园区，加大云计算、大数据、人工智能、5G 等方面企业的招商，做强数字经济业态；加快推进政务数据中心建设，满足全市政务部门中长期增长的需求，提供安全可控、自主可信的政务信息化基础设施服务。

（四）发挥厦门龙头作用和对台辐射作用

在闽西南五市中，厦门经济发展水平最高，离台湾地区最近。若厦门能充分发挥区域协同发展中的龙头作用及对台辐射作用，将十分有利于闽西南的整体发展，并为海峡两岸深化交流奠定坚实基础。

厦门的龙头作用首先体现在资金利用的区域协同发展方面。与其他几个城市相比，尤其与三明、龙岩相比，厦门的资金优势较为明显。然而，在基础设施区域协同发展的重点项目中，涉及三明、龙岩两市的项目并没有因经济发展水平滞后而减少。这带来项目建设资金来源的问题。若厦门能对上述两市予以一定的资金转移支付，将会带动两市的基础设施建设，从而提升闽西南地区基础设施的整体发展水平。其次，应尽快在厦门试点开展城市能源互联网建设，并尽快推广至闽西南各城市，加强能源基础设施互联互通建设。最后，厦门的互联网发展水平较高，智慧城市建设在协同发展区中处于领先位置。应加快厦门软件云创新中心平台的建设，强化各类工业互联网平台的资源集聚能力，推进工业互联网协同发展。

在对台辐射作用中，厦门应提升基础设施联通、能源资源互通水平，规划建设金门供水第二通道，率先实现与金门通水、通电、通气，完善区域水资源安全保障体系。此外，厦门应根据国务院台办、国家发改委于 2019 年 11 月 4 日出台的《关于进一步促进两岸经济文化交流合作的若干措施》中规定，鼓励台资企业同大陆合作，参与 5G 技术研发、标准制定、产品测试和网络建设工作。这不但可促进海峡两岸的合作交流，而且可进一步带动厦门乃至闽西南地区高速网络的建设工作。

（五）加强跨省交流协作

老苏区包括闽西南地区的龙岩、三明两市的部分地区，以及广东、江西的部分区域。《闽西南协同发展区发展规划》中的能源水利重点项目特别包含实施龙岩苏区、三明苏区等大型灌区续建配套与节水改造项目。由于老苏区在经济发展和基础设施建设方面有共通之处，闽西南在区域协同发展过程中可以同粤、赣的老苏区进行交流，加强在交通运输、资源开发利用等方面的合作。

总之，在基础设施建设区域协同发展方面，闽西南应高起点建设快速、便捷、高效、安全的综合立体交通网络，打造陆海空天一体化信息网络，加强能源、水利等重大项目规划建设对接，推动基础设施与产业布局、城镇结构的高度协同，促进产城、区域之间的高效融合，增强区域协同发展承载力。

第七章　闽西南公共服务协同发展

王洪斌[*]

闽西南协同发展区的建设是深入学习贯彻习近平新时代中国特色社会主义思想和党的十九大精神，全面贯彻落实习近平总书记在参加十三届全国人大二次会议福建代表团审议时的重要讲话精神，贯彻新发展理念的具体创新实践。一年多来，闽西南在公共服务协同发展中取得了初步成果，呈现良好的发展态势。闽西南协同发展区高质量的区域一体化发展和区域竞争新格局正在形成，以开拓进取的气魄、扎实有力的工作姿态推动协同发展区朝着更深、更广、更紧密融合的方向迈进。

一　闽西南公共服务协同发展现状及成就

（一）公共卫生方面

1. 打造闽西南协同发展区儿科医联体

目前，闽西南协同发展区正在以推进优质医疗资源共享为目

* 王洪斌，中国社会科学院大学（研究生院）博士后，副教授，研究方向为社会治理、社会政策等。

标，充分发挥厦门市的龙头作用，设置区域医疗中心，尤其在儿科医联体的建设方面取得重大成效。为贯彻落实国家卫计委等部门《关于印发加强儿童医疗卫生服务改革与发展意见的通知》等文件精神，缓解儿科诊疗压力，进一步提升本区域儿科诊疗的服务能力和水平，厦门市儿童医院牵头成立闽西南儿科医联体，打造区域性儿科医疗中心。早在 2014 年由厦门市儿童医院牵头成立的厦漳泉儿科医疗联合体（简称医联体）就已经正式启动，当时来自厦漳泉的 12 家医院联合参与，这是福建省首个跨地区的儿科医联体。截至 2019 年 8 月，闽西南儿科医联体成员单位已扩大至 22 家。2018 年 5 月 29 日，复旦大学附属儿科医院远程医学中心揭牌，厦门市儿童医院成为其远程协作单位。2018 年 6 月 2 日，厦漳泉儿科医联体远程医学平台启动，进一步建立基于远程医学平台的国家儿童医学中心（复旦大学附属儿科医院）—厦门市儿童医院（复旦大学附属儿科医院厦门分院）—医联体成员单位—社区卫生服务中心四级诊疗体系，推进儿科分级诊疗工作的开展。依托复旦大学附属儿科医院的指导，厦门市卫健委积极推进闽西南儿科医联体内医疗机构之间信息系统的互联互通。截至 2019 年 8 月，已实现 13 家医联体单位通过远程平台共享教学资源，实现远程直播教学。

畅通闽西南儿科医联体成员单位转诊绿色通道。疑难危重症患儿通过转诊通道可优先安排就诊，特别是对危重新生儿会安排专业的转运救护团队护送入院，必要时开通直升机救援通道，有效地保障了危重症儿童的医疗安全。对特殊疑难危重病患儿需要转运复旦大学附属儿科医院的，通过绿色通道转诊卡、转诊单进行转诊。截至 2019 年 8 月，转诊复旦大学附属儿科医院的疑难病例有 242 例。

目前，22 家成员单位借助厦门市儿童医院搭建的平台，可共享我国儿科医学翘楚——复旦大学附属儿科医院的优质资源，在医疗质量管理、人员培训、远程会诊、绿色通道转诊等方面紧密协作，打造区域性儿童医疗中心，为闽西南地区甚至海西地区的广大儿童提供更优质的医疗服务。下一阶段，厦门市儿童医院将在市卫生和计划生育委员会的领导下，进一步推动儿科医联体建设从横向向纵向延伸，由儿童医院、综合医院、社区卫生服务中心组成纵横交替的协作网，构建区域性合理的儿科医疗网络，创新现代医疗管理模式，为闽西南地区儿童提供更优质的医疗服务。在此基础上，积极推进医联体成员单位间的下乡、进修事宜。已多次组织优秀新生儿科医生下乡到医联体成员单位，并安排医联体成员单位医务人员进修事宜。加强医联体成员单位间的沟通交流，进一步扩大协作范围。

2. 促进闽西南协同发展区医学人才队伍培养

在儿科医联体建设经验的基础上，积极推进公共卫生、健康管理职业培训相关协同工作。厦门市持续对接三明市卫生健康委医政科，已基本完成前期宣传招生工作，收集整理数据，预报名人数达400 多人。下一步将结合当地实际，制定个性化培训方案。应三明市将乐县卫健局委托，优化课程设置，配备好师资，积极做好该县基层卫计人员承担健康职能转型暨健康管理员培训前期准备工作。该县各乡（镇）卫计办、卫计服务中心工作人员以及各健康促进与教育工程示范单位健康教育指导员或联络员共 79 人报名。① 探索推进卫生人才招聘考务合作实践，并取得良好的成效。承接漳

---

① 在 7 月下旬即将开班前，接该县有关部门临时通知称因培训费报销问题而取消。

州、龙岩 14 家卫健单位五批次委托，按时保质保量完成了 26 套卫生专业招聘笔面试工作任务，上门服务新模式受到了委托单位的欢迎与肯定。

3. 构建闽西南协同发展区突发公共卫生事件应急处理机制

搭建闽西南协同发展区卫生应急平台。2019 年 6 月，在厦漳泉同城化卫生应急管理平台的基础上加入三明和龙岩的构架，初步构建了闽西南协同发展区卫生应急平台。平台设立应急准备、区域应急信息共享、应急队伍建设与管理、监测预警等功能。采用 BS 系统，厦门、漳州、泉州、龙岩、三明五市均设立用户，可异地登录进行系统信息录入和共享使用。

完善突发公共卫生事件和重大传染病疫情通报机制和监测预警信息交流机制，协调推进区域传染病联防联控合作。2019 年面临东南亚登革热疫情高发的严峻形势，与漳州、龙岩及时互相通报输入性病例，协调做好疫点的消杀和病例隔离等防控工作。2019 年 8 月前，五地市均未出现登革热本地病例。

（二）教育协同发展

闽西南协同发展区教育对接工作联席会认真谋划落实加快推进闽西南协同发展区发展战略部署的具体举措，通过建立对口帮扶薄弱地区基础教育发展的机制，实施职业教育协作计划和急需紧缺人才培养能力提升援助计划等，为推进协同发展区高质量发展提供人才支撑和智力支持。以重大教育协作项目为支撑，推进协同发展区内的山海协作、城乡均衡发展。完善基础教育对口帮扶机制，推进院校对接，协同开展师资培训，通过资源共享、校校之间传帮带的方式交流协作，缩小协同发展区内教育发展差距。

1. 建立教育协同发展对接机制

于 2018 年 11 月 9 日在厦召开闽西南协同发展区教育部门对接工作第一次会议，成立了"闽西南协同发展区教育对接工作联席会及其办公室"，明确了召集人，通过了"闽西南协同发展区教育部门对接工作会议制度"，建立了闽西南教育协同发展工作机制。目前闽西南协同发展区 16 个县（市、区）建立帮扶机制。根据五个设区市教育特点和协作需要的紧迫性，将职业教育协同发展作为闽西南协同发展区职业教育协作工作要点。将开展职业院校结对、举办职业教育研讨会、开展师生交流和招生合作作为四项重点任务。迅速组织五市职业院校开展结对交流，校校之间开展"专业带动、项目引导、资源共享"的"领雁帮带"活动。共有结对交流中职学校 30 所、高职院校 8 所。各职业院校已经着手开展交流与合作，分别签订合作协议，积极开展专业建设交流协作、教师交流协作、学生交流协作和招生就业交流协作等工作。

2. 确定教育协同发展首届协作主题

根据五个设区市教育特点和协作需要的紧迫性，将职业教育协同发展作为 2018～2019 年的协作主题，制定下发了《闽西南协同发展区职业教育协作实施方案》和《2018 年－2019 年闽西南协同发展区职业教育协作工作要点》，重点是开展职业院校结对、举办职业教育研讨会、开展师生交流和招生合作四项重点任务。稳步推进职业教育协作发展。2018 年底以来，五市教育局按照协作方案，迅速组织五市职业院校开展结对交流，校校之间开展"专业带动、项目引导、资源共享"的"领雁帮带"活动。组织闽西南五市优质中职、高职院校开展结对交流，正式公布第一批结对院校名单，共有结对交流中职学校 30 所、高职院校 8 所。各职业院校已经着手开展交流与合作，分别签订合作协议，积极开展专业建设交流协作、教师交流协作、学生交流协作和招生就业交流协作等工作。推动职业院校合作举办五年制高职专业。福建水利水电职业技术学院与集美工业学校、厦门信息学校，泉州幼儿师范高等专科学校与厦门信息学校，厦门海洋职业技术学院与龙岩华侨职业中专学校，漳州卫生职业学院与龙岩卫生学校等，开展跨区域的五年制高职合作办学，涉及专业 32 个，计划招生 1000 多人。召开协同发展区职业教育改革创新研讨会。2019 年 6 月，闽西南协同发展区职业教育改革创新研讨会在厦门城市职业学院举办。通过研讨会，五地市职业院校进一步研究落实国家职业教育改革实施方案的措施思路，探讨职业教育与区域经济发展、闽西南职业教育协同发展模式及做法，深化职业教育改革创新，以推动闽西南职业教育办学质量共同提升。

3. 组织建设协同发展区职业教育联盟，推进协同发展长效机制

经各方积极协调和努力，厦门、三明、龙岩先行启动职业教育联盟建设。厦门城市职业学院牵头组建了"闽西南协同发展区轨道交通职教联盟"，三明医学科技职业学院牵头组建了"闽西南协同发展区物流管理职业教育联盟"，闽西职业技术学院牵头组建了"闽西南协同发展区建筑工程技术职业教育联盟"并举行了揭牌仪式。厦门市教育局牵头于 2019 年 7 月 23～26 日组织 100 名闽西南职业院校学生参加"嘉庚精神"主题研学实践活动。五地市师生们通过研学活动，从教育理念、学校管理、教育资源、社会实践等方面深化交流并有所收获。学生通过对闽南传统工艺的学习与了解，学习了"嘉庚精神"和"工匠精神"，受到爱国主义和职业道德教育。组织筹办协同发展区中职学生技能竞赛，拟于同年 10 月由漳州市教育局牵头，举办闽西南五市中职学生技能竞赛，搭建中职教育专业技能竞赛交流平台。目前，已确定 16 个技能竞赛项目，正进行紧张的筹备工作。

（三）环境保护与生态治理方面

闽西南在协同发展过程中全力实现经济发展高质量和生态环境"高颜值"的有机统一，既要强化生态环境空间管控，加快生态文明改革成果复制推广，又要加强服务创新创业创造，深入实施精准生态扶贫。坚持协同共治，坚决打好蓝天碧水净土三大保卫战，构建常态化区域大气污染联合防治机制，打破区域管辖的区块管理现状，构建上下游、左右岸紧密协作、问题共商、目标共治的联防联控联治格局，深化区域土壤污染风险防控交流合作和试点示范。坚持协同监管，开展生态环境保护区域联合执法，推动百姓身边突出生态环境问题整治形成长效机制，不断增强人民群众生态环境获得感、幸福感、安全感。

1. 建立健全工作机制

2018 年 10 月 12 日，厦门市生态环境局率先召开了闽西南协同发展区环保部门协作第一次联席会议。会议讨论通过了《闽西南协同发展区环保部门协作章程》，签署了闽西南协同发展区环保部门第一次协作会议备忘录，确定了环保部门协作的原则和近期、中期、远期"三步走"目标，在 2019 年 8 月已经形成的厦漳泉区域大气污染联防联控联治协作机制基础上，延伸建立了厦漳泉龙九龙江流域生态环境联防联控联治、三明龙岩汀江沙溪流域生态环境联防联控联治等双边和多边区域生态环境共治共保机制。同时，建立了闽西南协同发展区环保领域协同工作联络员机制。

2. 编制闽西南协同发展区生态环境保护专项规划

专项规划编制工作已通过招投标确定编制主要机构为中国科学院城市环境研究所，项目已确定规划编制大纲，并进入实地调研阶段，基本完成数据资料收集，计划于 2019 年底前通过专家评审。规划将在对区域生态环境形势分析与协同发展形势研判的基础上，提出近期（2019～2025 年）和远期（2026～2035 年）五市重点合作领域与主要任务、跨界共建生态环境保护机制，并根据规划目标、主要任务，以及解决区域突出环境问题、协同合作的任务需求为重点，确定有利于促进开展协同合作、对生态环境质量改善和维护效益显著的项目。

3. 持续深化厦漳泉大气污染联防联控

根据福建省生态环境厅印发的《福建省大气污染联防联控联治工作方案》，厦门市积极协调召开联席会议，深入推进联防联控联治各项工作开展。率先签署三方备忘录，奠定区域大气污染联防联控联治合作基础。2018 年 8 月 24 日，以厦门市为主导，在全省率先组织召开厦漳泉大气污染联防联控联治工作第一次联席会议，共同研究开展厦漳泉区域联防联控联治工作，并签署三方合作备忘录。全面加强区域联防联控联治，建立协作机制。落实大气污染联防联控联治，就要在"联"字上下功夫，坚持上下联动、区域联动、部门联动，各负其责、齐抓共管。推动区域联防联控联治纵深发展，强化县区联防联控联治。率先将厦门市与漳州、泉州接壤的县级大气污染联防联控联治工作纳入 2018 年党政领导生态环保目标责任制考核任务中，经过多次沟通、交流，目前海沧区已与台商投资区建立工作机制，加强日常管控的协调与调度。

4. 综合提升重要流域水环境质量

根据省政府《九龙江—厦门湾污染物排海总量控制试点工作实施方案（2017～2020年）》，以水域流域为协同框架，厦门、漳州、龙岩三地市通力协作，全面加强生态环境保护，重点开展九龙江口和厦门湾生态综合治理工程。开展重要流域源头的水质保护，落实重点流域生态保护补偿机制。九龙江是厦门市的主要水源地之一，一直以来厦门市对九龙江上游地区生态补偿问题高度重视，并积极配合全省流域生态补偿相关工作的开展。建立跨境流域河湖管理保护协作机制，开展流域协同执法。2018年8月，福建省河长办在南靖县召开漳州、龙岩两地适中溪流域河长制第一次联席会议，研究解决适中溪水环境共治问题。推进重大协作项目建设。围绕省、市重点规划项目，对列入2019年漳州市参与闽西南协同发展区建设项目台账的建设项目，加强跟踪协调。

二 欧盟一体化过程中开放式协调法的借鉴意义

在欧盟一体化进程中，协调成员国之间的合作成为重要的工作环节，欧洲多层治理环境推动了治理工具及机制的创新。开放式协调法（The Open Method of Coordination，OMC）也称公开协商方式，便是因在欧盟就业政策中的成功运用而在2000年3月欧盟里斯本首脑会议上得到充分肯定的新的治理工具。欧盟里斯本首脑会议文件指出，开放式协调法的主要程序为：欧盟委员会制定一般指导标准，各成员国在此基础上制定适合本地实际情况的政策，委员会进行周期性监督、评价以评定出"最佳实践"（best practice），促进各成员国间的相互学习（mutual learning）。与传统的治理模式不同，开放式协调法的实质不是制定成员国必须遵循的一致的标准框架，而是在共享经验的过程中鼓励"最佳实践"的传播。这种新型治理模式探求在各成员国改革实践基础上的相互学习过程，极力避免严格的制度规定，力图通过制度化的相互借鉴与学习促进决策水平的提高。这与传统的、自上而下的、政令性的控制制度形成鲜明对比。因此，开放式协调法也被称为欧盟治理的"第三条道路"，将被用于"当调和难以运转，而相互认可和由此产生的监管竞争也过于冒险的情况"。

（一）开放式协调法的主要特点

与传统模式相比较，开放式协调法的主要特点在于以下几方面。

1. 政治命令的软化

欧盟委员会作为政策议题的提出者和决策者，不再制定标准统一的一致性原则，而是主张容许分歧的协调性原则；不再强调超国家的法律约束，而是主张政府间的平衡与协调。欧盟委员会一改以往的硬性管理，逐渐谋求一个公共对话的空间，虽然仍强调目标的中心化，但更主张执行的地区化特色，同时以软性诉求的方式让个别成员国以自己的步调达成目标，然后由欧盟评价结果，作为进一步改进的参考。这种方法着重于各成员国的共同参与协定及不同程度的整合与配合，截然不同于过去由上对下以强制性法律作为后盾推动政策的做法。这种模式下，欧盟委员会不再处于制度的顶端，而成为制度相对均衡的平衡砝码，扮演的是一种协调者角色。

2. 政策学习的推动

传统治理模式下，欧盟决策层的意志是各成员国压力的主要来源。开放式协调法模式下，欧盟则注重压力的转移和调适，形成"同行压力"（peer pressure）。欧盟通过循环的监督与评价，评定出成员国中的"最佳实践"，借助"同行压力"推动政策学习过程。强制性政治命令下形成的压力与同行比较下形成的压力是不同的，前者是强制约束，后者则是激励约束。前者难以促进成员国的进步，反倒容易加剧各利益相关者之间的矛盾与冲突；后者则能从内在心理上激发各成员国赶超的决心，压力反倒成为动力。

开放式协调法通过软性治理的创新方式弥补了欧盟传统管理方式的诸多不足，但其自身也存在缺陷。这种新型治理模式可以避开硬性规定下的利益冲突，能够有效达成共识；在效果评估过程中，信息交换可以提供政策学习的机会；而且同行比较可以形成一定的压力，使其尽力达成政策目标。但是这种方法无法控制政策学习过程中的"惰性"和"不进取"。"同行压力"在一定程度上可以避免过多的行政命令与控制（command and control），但更多地是依赖各成员主体的价值诉求，此时，强制约束之外的自我规制显得极为重要。所以开放式协调法在欧盟并没有完全取代传统治理方法，只是作为传统方法的一个补充。在众多采用这种方法的领域，当开放式协调法不能发挥有效作用时，所有的努力都会回归到传统的治理路径。因此，学者更主张"硬性法"与"软性法"在欧盟治理过程中的兼容并蓄。

（二）开放式协调法的运作

按照欧盟的惯例，政策的执行通常遵循自上而下的线性程序，即首先由欧盟委员会制定政策，然后各成员国将欧盟委员会的精神传达给本国相应的机构，最后再由各国机构将政策信息传达给相关人员。由于欧盟特殊的政治结构，且各国发展背景迥异，当涉及关乎国家主权的特殊领域时，依照惯常的治理理念，欧盟层面根本无法插手。譬如，1992 年的《马斯特里赫特条约》就明确规定，成员国政府对教育的实施、组织、内容的确定等担负主要的责任，而欧盟只是在其中起着一种沟通、联系和催化作用，只有当成员国通过内部对话或合作无法达到欧盟所提出的建议或目标时，欧盟才可以采取行动。然而，随着欧盟政治、经济一体化的逐步深入，在一些政治敏感领域的合作趋势势不可当，欧盟也亟须加大对这些领域的监管力度，因而寻找一种合适的治理工具迫在眉睫。在此背景下，开放式协调法应运而生，它将政策执行过程转变为一个非线性的、循环的过程，鼓励不同参与者的积极合作，认可各利益相关者在相关领域所扮演的重要角色，要求各成员国政府与社会利益相关者建立广泛的合作关系，鼓励信息交流。

开放式协调法在实际运作中包括四个步骤：①制定欧盟层面的行动方针，并列出每一成员国实现其短期、中期以及长期目标的时间表；②制定合适的定量及定性指标，并设置基准用以比较各国的改革成效；③在充分考虑各国、各地区差异性的基础上，根据欧盟层面的行动方针制定具体的发展目标以及需采取的措施；④通过定期监管、成员国间互评等方式达到相互学习的目的。

由此可见，开放式协调法与传统的治理方式，两者均是由欧盟委员会制定的相关行动方针，经欧盟理事会审议后再下放给欧盟各成员国。但在后续进程中，开放式协调法与传统的治理方法的差异就立刻凸显：在开放式协调法中，各成员国依据欧盟委员会制定的行动方针，在参考本国国情的基础之上，再制订本国的行动计划，也就是说，各国对行动方针具有解释权。随后，各国将本国制订的具体行动计划反馈给欧盟委员会，相关部门再依此起草联合报告，从而为欧盟委员会制定新的具体行动方针提供参考，至此就完成了一个完整的运作循环。

（三）开放式协调法对我国区域协同发展的启示

开放式协调法的运作包括制定行动方针、设置比较基准、制定具体发展目标及行动措施、定期监管及相互学习等四个步骤。开放式协调法的特点在于它融合、平衡了竞争与合作的关系、缓解了一体化与个性化的矛盾。开放式协调法滥觞于就业领域。自1997年开放式协调法正式在就业领域运用以来，无论是在制订国家行动计划上还是在促进各国的相互交流与学习上，都显示了其无可替代的优越性。因而随后被推荐至其他领域，目前在教育领域、社会包容和养老领域里开放式协调法的运用也卓有成效。

以教育领域为例，在欧盟里斯本首脑会议上，各国首脑号召教育部长们对欧盟教育体系的未来发展进行规划，要求各成员国在提升欧盟竞争实力这一共同的目标下，再依据本国发展的特殊背景制定相应的行动方案，并表达了希望能在次年的春季理事会议上形成一份关于教育发展的综合报告的愿望。随后，在各成员国以及欧盟委员会的共同努力下，题为"关于教育体系未来发展的具体目标"的报告于2001年2月问世。此报告提出了欧盟教育未来发展的三个目标：一是提高欧盟教育以及培训体系的质量与效率，二是使终身学习成为每一个欧洲公民的权利，三是使欧盟教育、培训体系能够立足于世界之林。报告问世后，引起了极大的反响，并于2001年3月在欧盟斯德哥尔摩理事会上正式通过，在这次会议上，各国高层就能否起草出更为详细的教育发展计划的问题展开了讨论。次年 2 月，在"关于教育体系未来发展的具体目标"报告的基础之上，欧盟委员会制订了一份更为详尽的计划并于同年 3 月上交给欧盟理事会。至此，开放式协调法这一新的治理工具正式地被应用到教育领域。

开放式协调法理论上是一种打破固有传统的思维创新，在诸多敏感领域的社会实践中也发挥了不容忽视的积极作用。尽管开放式协调法的协调对象是欧盟成员国，是国际意义上的政府间关系，但是对于中国内部政府间关系的改善也不失为好的学习素材。在中国这样的单一行政制体制下，地方政府协同治理的理论建构和实践发展仍困难重重，当前地方政府间协同发展的关系、现状成为地方治理最根本的制约因素。同级政府的关系在单一制体制下主要表现出纵向政府间关系的"相悖"与横向政府间关系的"分割"两方面的问题。这种问题则根源于固有的政治传统和财政安排——职责同构与分税制，在两者的共同影响下，在协同发展中地方政府间的关系变得复杂，问题又难以解决。

开放式协调法作为欧盟社会的新型治理模式，其软性治理方式——"政治命令的软化"和"政策学习的推动"在地方政府间实现协同发展关系的治理实践中具有借鉴意义。首先，从所处的政治环境来讲，虽有差异，但协同发展都是在一个具有较强传统政治约束力的体制下开展的。不管是中国政府间关系，还是欧盟成员国关系，两者都不能拘泥于单一的政令要求。开放式协调法是硬性政治制度下的产物，它的产生是对欧盟委员会较强制度约束的一种挑战，也是对原有"欧盟式压力"体制的一种回应。从这个角度看，协同发展区内各级地方政府间关系所处的压力型政治环境与欧盟具有相似之处，开放式协调法的创新治理模式从理论上完全可以有所借鉴。其次，从所寻求的目的来看，开放式协调法的治理方式与手段有助于协同发展区政府间关系的改善与发展。两种政府间关系都力图打破固有的政治束缚，寻求政治关系的灵活性，在遵循政治一致性的前提下，保障各政府主体的政治权益并实现政府间关系的平衡与和谐状态。另外在中国，传统的硬性管理方法欠缺的是"政治命令的软化"；地方政府间关系显得过于疏松，欠缺紧密、联系与合作，需要通过"政策学习"实现相互促进、共同发展。从这个角度出发，开放式协调法在理论上可以为协同发展区政府间关系的治理所借鉴。在理论上可以将开放式协调法作为硬性制度外的一个有效补充，尝试在硬性约束失效的情况下，以软性模式介入，通过重新定位中央政府作为政府间关系的协调者的角色，进一步理顺并改善中国政府间关系，开创地方治理的新局面。

三　闽西南公共服务协同发展的对策研究

（一）提升思想认识，以更高站位推进协同发展

协同发展区各地市要站位于决胜全面建成小康社会的全局高度，强化组织协调，形成整体效应，努力在协同发展大局中发挥独特作用。进一步健全完善协同发展区工作机制，加强组织领导，强化统筹协调，全力推动落实。闽西南协同发展区要在协作联席会议制度的基础上，各地各相关部门要扛起责任抓落实，在紧密有效的协作中不断把工作推向前进。要破解问题抓落实，以问题的突破带动工作的提升。要突出实效抓落实，积极寻找共同发展点位，合力推进，确保各项工作按序时进度推进。

（二）完善制度建设，深化协同发展机制

坚持问题导向，大胆先行先试，深化区域协同发展机制、推进对口部门对接机制。打破区域限制，跨区域进行统筹规划，多措并举解决重大基础设施、重大产业项目建设中的分块分割问题。例如在生态保护方面，探索与"河长制"对接的"湾长制"，可借鉴其他省份经验，结合省情，打破区域分割，摸索出一套有福建特色的，以"湾长制""河长制"促进流域、海湾生态环境协同保护的海岸流域带生态环境综合管理模式。

（三）推动优势资源互补，打造公共服务协同创新模式

闽西南地区借住协同发展区建设加快医联体建设步伐，构建了多种形式的医联体。但目前还存在医联体内部双向转诊难度大、合理的利益调配机制尚缺乏、信息化程度低、配套政策不够等问题。建议尽快制定闽西南"健康福建2035"规划，确定协同发展区卫生健康事业的总体发展目标和发展思路，加快建设医疗中心，构建区域医疗合作联盟，构建人、财、物相对统一的调配机制，促进优质医疗资源下沉，发挥医疗大数据中心的作用，搭建"互联网+医疗"体系，发挥医保经济杠杆作用，推动医联体发展和医疗资源联通共享。理顺管理体制，扩大区域医联体自主经营权，形成"权责一致"责任共同体，让区域三级医院"舍得放"，以"互联网+"形式，实现区域医疗信息联动。推动卫生健康区域协同发展，将推动区内41个县域医共体进入实质运作，督促各地落实县域医共体（总医院）医保打包支付政策，完善"结余留用、超支不补"激励约束机制，允许人口总量较大、医疗资源充裕的县域

按照网格化管理要求，探索建设若干个医共体，对基层医疗卫生机构，探索建立"公益一类保障与公益二类激励相结合"的运行新机制。深化开展城市医疗联合体建设试点，统筹规划、充分整合区域医疗资源，形成城市医联体网格化布局管理，鼓励省属医疗机构进一步发展医疗专科联盟、远程医疗协作网等多形式医联体，促进优质医疗资源向基层、偏远和欠发达地区辐射。

教育方面逐步扩大协同发展内容。根据五个设区市教育特点和协作需要的紧迫性，在重点开展职业院校协同发展的基础上，稳步推进校校之间开展"专业带动、项目引导、资源共享"的"领雁帮带"活动。积极开展专业建设交流协作、教师交流师资培训协作、学生交流协作和招生就业交流协作等工作。进一步研究教育协同发展实施方案的措施和思路，探讨教育与区域经济发展、闽西南教育协同合作发展模式及做法，深化改革创新，以推动闽西南教育教学质量共同提升，为协同发展区发展提供更优质、均衡的人才支持和智力资源。

后 记

　　根据"中国社会科学院与厦门市人民政府战略合作框架协议",厦门市发展和改革委员会与中国社会科学院欧洲研究所于2019年3月至2020年3月合作开展了"厦门市'十四五'时期促进闽西南协同发展思路和举措研究"课题研究。本课题由中国社会科学院欧洲研究所原所长黄平和副所长田德文牵头,成员以中国社会科学院研究人员为主体,中国电子科学研究院管理研究中心等单位研究人员亦参与课题研究工作。

　　经讨论确定研究框架、研究进度和分工责任后,课题组于2019年9月赴厦门开展实地调研、收集课题资料;2019年10月向厦门方面提交了专题报告,并就相关内容征求了厦门市政府多个机构和部门的意见和建议;2019年12月提交了中期总报告和各专题报告,并就修改后的报告再次征求厦门市政府相关部门意见;受新冠肺炎疫情影响,原定于2020年2月赴龙岩等地的调研工作无法进行,但课题组克服困难通过线上形式与国内相关专家沟通交流,于2020年2月向厦门市发展和改革委提交了最终研究成果《闽西南区域协同发展研究报告》。3月,经课题评审专家组书面评审,本课题研究达到预期目标，正式结题。

本课题研究成果的主要内容包括：①梳理了 2018 年闽西南协同发展战略提出以来的主要成就和经验，明确了厦门市在闽西南协同发展中的重要作用，并指出了当前闽西南协同发展中存在的不足；②选取欧盟、英国、京津冀、粤港澳大湾区以及长三角等地区为参考目标，分析了以上地区推进经济和社会协同发展的最佳实践和先进经验，围绕补齐闽西南协同发展短板明确了具体的实施路径；③按照推进闽西南协同发展的目标和实施路径，细化了进一步促进闽西南协同发展的具体内容，主要包括完善制度构架，推动产业、港口海运、文化旅游、金融、基础设施和公共服务协同发展等方面，着力全面推进闽西南协同发展在各个领域取得突破；④基于上述分析，提出了闽西南协同发展的可行性保障措施，包括提升理念和站位、加强顶层设计、发挥市场作用、加强要素保障以及营造良好氛围等。

当前，我国正在加快推进区域协同发展战略，力图改变区域间发展不平衡的状况，并通过协同发展达到提升地区经济社会总体发展水平的目的，从而提升我国国际竞争力。福建省委、省政府审时度势，适时提出了闽东北和闽西南"双轮驱动"的协同发展构想，为福建的经济和社会发展描绘了新的蓝图。厦门具有丰富的经济和社会服务资源，国际化程度较高，不仅是闽西南协同发展的战略支点城市，也能够通过深度参与这一战略为自身创造更大的发展空间。在此背景下，本书体现了厦门引领闽西南协同发展的积极姿态，并针对当前厦门在参与过程中存在的诸多挑战提出了较为可行的具体落实措施。

本书分析了当前闽西南协同发展的主要成就和不足，明确了厦门在闽西南协同发展中的定位，提出了厦门在参与这一战略中应达成的目标；总结了欧盟、英国、京津冀、粤港澳大湾区和长三角等国际和国内地区的主要经验和做法，为闽西南协同发展的谋划和实践提供了重要参考；分部门详细分析了当前闽西南协同发展在制度建设、产业、港口海运、文化旅游、金融、基础设施和公共服务等领域的成就和不足，进一步细化了推进厦门参与闽西南协同发展的具体内容。

课题组在调研过程中，得到厦门市发展和改革委员会、厦门市发展研究中心的大力帮助，在此致以诚挚的感谢！特别感谢厦门市发展和改革委傅如荣副主任，厦门市发展研究中心徐祥清主任、戴松若副主任，以及厦门市发展研究中心发展战略研究室林汝辉主任和张振佳博士的悉心介绍和关心照料！在此一并致谢！

中国社会科学院欧洲研究所课题组

2020 年 5 月

图书在版编目（CIP）数据

闽西南区域协同发展 / 黄平等著 . -- 北京：社会
科学文献出版社，2020.10
（中国社会科学院院际合作系列成果·厦门）
ISBN 978 - 7 - 5201 - 7357 - 5

Ⅰ.①闽… Ⅱ.①黄… Ⅲ.①区域经济发展 - 协调发
展 - 研究 - 福建 Ⅳ.①F127.57

中国版本图书馆 CIP 数据核字（2020）第 179808 号

中国社会科学院院际合作系列成果·厦门
闽西南区域协同发展

著　　者 / 黄　平　田德文　等

出 版 人 / 谢寿光
组稿编辑 / 邓泳红
责任编辑 / 吴云苓　张　超

出　　版 / 社会科学文献出版社·皮书出版分社（010）59367127
　　　　　　地址：北京市北三环中路甲 29 号院华龙大厦　邮编：100029
　　　　　　网址：www.ssap.com.cn
发　　行 / 市场营销中心（010）59367081　59367083
印　　装 / 三河市尚艺印装有限公司

规　　格 / 开　本：787mm × 1092mm　1/16
　　　　　　印　张：10.25　字　数：124 千字
版　　次 / 2020 年 10 月第 1 版　2020 年 10 月第 1 次印刷
书　　号 / ISBN 978 - 7 - 5201 - 7357 - 5
定　　价 / 89.00 元